KEVIN J. GUERRERO

PEREGRINAJE
METAFÍSICO

NARRACIONES DE UN MISERABLE

ÍNDICE

PEREGRINAJE METAFÍSICO

KEVIN J. GUERRERO

PEREGRINAJE METAFÍSICO
NARRACIONES DE UN MISERABLE

ATENEO INSULAR INTERNACIONAL
MOCA, REPÚBLICA DOMINICANA
2020

Colección "Estudios literarios y filosóficos", núm. 23
Dirigida por Bruno Rosario Candelier
ateneoinsular@hotmail.com

Ateneo Insular Internacional
Moca, Rep. Dominicana

ISBN: 978-9945-8720-8-8

DIÁLOGOS REFLEXIVOS DE KEVIN GUERRERO
CONCEPCIÓN ESTÉTICA Y CREATIVIDAD

Por Bruno Rosario Candelier

A
Segisfredo Infante,
cultor del pensamiento que edifica.

Los conceptos implicados en los vocablos intuición, inspiración y reflexión explican la clave de estos diálogos de Kevin Guerrero, fuero y cauce creador del talento teorético del escritor hondureño, huella y eco de los diálogos socráticos de Platón.

Con la marca y el estilo del joven literato centroamericano que hace de sus palabras el puente para reflexionar sobre el arte de la creación, también alienta y motiva el desarrollo de las inquietudes intelectuales, morales, estéticas y espirituales. Los diálogos conceptuosos de Kevin Guerrero[1], inspiradas en los diálogos de Sócrates y Platón, son el punto de partida de una visión del mundo y de la vida.

Mediante la ideación de imágenes y conceptos forjamos la creación verbal, índice del talento intuitivo y reflexivo de nuestra conciencia: De ahí la diferencia entre la creación discursiva, propia de la obra didáctica y científica, y la creación literaria, propia de la obra artística o estética, mediante el rol de la sensibilidad y la intuición.

Desde la etapa gloriosa de la antigua cultura griega, los diálogos eran los procedimientos habituales para dar a conocer el pensamiento de un intelectual o el arte creador de un poeta o dramaturgo, y era el método apropiado para concitar reflexiones, criterios e intuiciones sobre alguna faceta de la realidad histórica, social, antropológica, filosófica o espiritual desde la perspectiva de un pensador, un esteta, un teólogo, un poeta o un dramaturgo. Los diálogos socráticos son el modelo de esta forma de creación, teorética o reflexiva.

Platón ilustró mediante el diálogo su concepción filosófica y su visión espiritual del mundo y, en tal virtud, creó un género literario como fuente de reflexión, conocimiento y divulgación. Kevin Guerrero se vale de ese procedimiento escritural para testimoniar inquietudes intelectuales, intuiciones estéticas y vivencias espirituales de su peculio creador. Alterna los dialogantes (un ciego y un sordo; un profesor y un estudiante, un viejo y un infante, un navegante y un monte, etc.) a quienes atribuye opiniones y conceptos, que usa como alter ego del creador de estos amenos diálogos, medio de canalización de las inquietudes intelectuales de Guerrero. Veamos este ejemplo:

EL CIEGO: Cuando aún era vidente y dizque estudiante universitario, el profesor que impartía la clase de Filosofía general dijo algo respecto a esta obra, de aquel entonces recuerdo esta frase: «El pintor que pintó pintando, el mismo que hasta la fecha, después de tantos años, lo contemplamos contemplando su infinita obra». ¿Crees tú que esta frase corresponda de alguna manera con Las meninas?
EL SORDO: Completamente, mi hermano. Es increíble que un estudiante de primer ingreso recuerde a su profesor con esta formidable sentencia, la misma no corresponde solamente con Las meninas, sino con el divino maestro que a través de su obra se inmortalizó; bueno, y también inmortalizó a otros. Evidentemente, un magnífico pintor, el único dios de la pintura barroca que nunca soltó su pincel.

El tema del arte, en especial la música y la pintura, es el pretexto de Kevin Guerrero para hacer de sus diálogos[2] el cauce de valoraciones, intuiciones y conceptos de asuntos diversos y motivos de inspiración de una obra, como la presente, concebida para fraguar un pensamiento y exaltar un sentido. El siguiente ejemplo así lo ilustra mediante un coloquio entre el abstemio y el licencioso:

EL ABSTEMIO: ¿No habías practicado lo suficiente o qué?
EL LICENCIOSO: No se trata de eso, nadie interpretaba a Vivaldi mejor que yo. Se trata de mi violinista favorito, Niccoló Paganini.

Interpretar al gran maestro genovés, en aquella supuesta escuela de música, era un pecado irremisible; más bien una profanación, lo que yo más anhelaba desde el primer día que me enteré de que interpretar a este virtuoso violinista estaba reglamentariamente prohibido. Recuerdo perfectamente el rostro de mi madre, rebosante de alegría, la miraba perfecta desde el estrado; entonces acomodé mi violín en mi hombro izquierdo y el capricho veinticuatro comenzó a sonar. No había tocado ni treinta segundos cuando aquel rostro angelical se había transfigurado en El grito de Edvard Munch; aun así, me dejaron que terminara de interpretar aquella exquisita, divina y teofánica pieza musical. Obviamente mis padres se fueron antes de que yo bajara del escenario. Todo era un tumulto de gritos, lágrimas, injurias y demás. Desde ese día no volví a ver a mis padres.
EL ABSTEMIO: Debiste abstenerte de tocar a Paganini al menos ese día. Vuestros padres no merecían sufrir semejante humillación. Cometiste el peor acto de injusticia con ellos que lo habían dado todo por ti. Por tu maldito 'capricho' echaste todo a perder. ¿Nunca te disculpaste con ellos?

El autor de estos diálogos reflexivos[3] tiene la intención de motivar en los lectores algunas reflexiones sobre los valores y principios, sobre el sentido de la vida y la creación, sobre los ideales que concitan los parámetros inspiradores, conductuales, intelectuales y espirituales para un aporte singular: "EL INFANTE: "El amor, el bien, la sabiduría, la bondad, la solidaridad, entre otros, son frutos del alma. ¿Posees tú al menos uno de estos que acabo de mencionar? EL VIEJO: ¿Quién te dijo eso, niño? Qué me dices acerca de la envidia, el odio, el rencor, la traición… ¿acaso no son estos frutos del alma? EL INFANTE: De ninguna manera, los antivalores no son frutos del alma. Una vez leí una carta que alguien le envió a mi madre, y al final de la misiva estaba escrita la siguiente frase: «El silencio es el sol que madura los frutos del alma».

Kevin Guerrero conoce la función de las imágenes y los conceptos en el arte de la creación verbal. La creación científica, cifrada en la lengua discursiva, y la creación artística, fincada en la lengua expresiva, canalizan las intuiciones y vivencias del emisario creador.

En estos diálogos se combinan los dos tipos de lenguas, con la participación de dos dialogantes, amanuenses del autor, que se alternan en sus elucubraciones y visiones sobre los diferentes asuntos que responden a las apelaciones de su sensibilidad y su conciencia.

La expresión de la intuición es índice y cauce de un talento creador, como lo evidencia Kevin Guerrero en estos diálogos que reflejan inteligencia, criterio y creatividad.

El encanto de las artes llama la atención del creador de este texto, lo que evidencia la valoración estética y espiritual que Kevin Guerrero tiene por el arte, el pensamiento y la creatividad. El siguiente ejemplo ilustra el trasfondo de este libro:

ALMA: ¿Acaso no tienes una cama o un diván en tu taller de pintura?
HERBERT: Me parece mejor asemejar su retrato a La maja vestida.
ALMA: De ninguna manera, mi querido Herbert. Todo artista sabe o debería saber que el vestuario le quita pureza a la obra.
HERBERT: En mi vida he pintado nada igual.
ALMA: Creo que tienes miedo; seguro nunca has visto una mujer desnuda.
HERBERT: No será necesario que se desnude.
ALMA: Quiero una obra perfecta, joven pintor. ¿Por qué no quieres verme desnuda? ¡Acaso no soy hermosa!
HERBERT: La más hermosa de la escuela. Usted entienda que es una pintura, no una fotografía.
ALMA: No me importa si tardas cinco meses en concluir mi obra, yo iré todas las tardes a desnudarme en tu taller hasta que termines mi encargo.
HERBERT: Tengo una memoria fotográfica, suficiente que se desnude una vez.

El agraciado autor de esta obra sabe que el pensamiento se digiere mejor con las expresiones bellas del arte de la creación verbal, y por eso traza pinceladas literarias que le dan un toque de belleza y esplendor a sus reflexiones. Por eso pone en boca de Clara lo siguiente: "Me senté a escuchar el trinar de los pájaros cautivos por más de una hora. Al día siguiente decidí hacer un peregrinaje por una montaña virgen en cuanto escuchaba el melodioso gorjear de los cientos de aves que entreveía a través de los árboles; entonces me dije a mí misma: Ayer en el zoológico no escuché más que los estridentes disparos de una ametralladora en plena guerra; sin embargo, hoy, en el corazón de esta jungla, siento como si estuviese escuchando las mejores sonatas barrocas, clásicas y románticas. Sin duda que esa fue una experiencia única, imposible de olvidar".

En la ciencia del filosofar hay espacio para combinar todos los conocimientos del mundo mediante el arte pictórico y musical, como lo refleja el siguiente pasaje: "ELIZABETH: ¿Ella es alguna de tus amiguitas libertinas? DARÍO: No, ella es Elizabeth, la más hermosa y divina de todas, la que solo un auténtico y extraordinario artista podría retratar. Cuando contemplo su angelical y divino rostro, solo pienso en la Julie Manet que retrató el preclaro pintor Pierre-Auguste Renoir. Si ahora tuvieses un gato en tu regazo, diría que eres la mismísima Julie del cuadro de Renoir".

Pensamos las cosas que internamos en la conciencia. E inferimos valoraciones y estimaciones sobre el discurrir de lo viviente. Por eso el autor de esta obra se vale del monje y el navegante para comunicar la siguiente reflexión:

EL NAVEGANTE: ¿Te ejercitas espiritualmente escuchando música?
EL MONJE: No solo ejercito mi alma, inmortalizo mi ser.
EL NAVEGANTE: ¿Y cuál es tu concepto de música, si se puede saber?
EL MONJE: La música es la filosofía que los filósofos no saben explicar.
EL NAVEGANTE: ¿Y qué es la filosofía?
EL MONJE: La filosofía es cualquier cosa, excepto lo que han dicho que es.
EL NAVEGANTE: Entonces nadie sabe qué es la música ni qué es la filosofía.
EL MONJE: Solo Dios, hermano.

Tres palabras tienen la virtualidad diciente, es decir, el poder de desatar emociones entrañables, conceptos profundos y sentidos trascendentes para concitar la emoción estética con fruición espiritual. Y encauzar sensaciones sutiles con ternura consentida.

Eso lo sabe el autor de esta obra y por eso se embarcó en la redacción de este formato literario:

1. Mediante la creación de una realidad estética que canaliza el caudal de intuiciones, experiencias y conocimientos.

2. Mediante una inspiración fundada en intuiciones estéticas que formaliza el hablante con propiedad, elegancia y corrección.

3. Mediante una recreación estética y simbólica del lenguaje que canaliza conceptos, emociones y sentidos con valor intelectual, social, moral, estético y espiritual.

En fin, con esta obra el pensador hondureño ingresa al grupo de intelectuales y estetas que hacen de la palabra la fuente de sus disquisiciones filosóficas y estéticas como fuero y cauce de un decir que atiza la sensibilidad e ilumina la conciencia.

Bruno Rosario Candelier
Academia Dominicana de la Lengua
Moca, Rep. Dom., 28 de agosto de 2020.

Notas:

1. El poeta y ensayista Kevin Guerrero nació el 24 de enero de 1994 en un poblado del Departamento de Olancho, Honduras. Licenciado en Filosofía. Reside en Tegucigalpa y ha publicado estudios en la revista Búho del atardecer, como el ensayo crítico "La estética en la poesía de Segisfredo Infante", y el poemario Retorno y resurrección. Pertenece al círculo filosófico Kurt Gödel, dirigido por el poeta y filósofo hondureño Segisfredo Infante.
2. Kevin Guerrero, *Peregrinaje metafísico*, Santo Domingo, Ateneo Insular, 2020.
3. Alentado por el magisterio intelectual y estético del poeta, pensador y académico hondureño Segisfredo Infante, el joven Kevin Guerrero se decanta por la reflexión filosófica y la creación poética, cauce conceptual y estético de su auspicioso talento creador.

EL CIEGO Y EL SORDO

EL CIEGO: Acabo de enterarme, querido amigo, que soy el hombre más desdichado de este mundo.

EL SORDO: ¿Por qué dices eso, hermano de mi alma?, de hecho, creo que yo soy más desdichado que tú.

EL CIEGO: ¿Qué sabes tú de un pintor barroco llamado Diego Velázquez?

EL SORDO: Pintó *Las meninas*, una de las obras más sublimes del arte barroco, sin duda, el mejor lienzo del pintor sevillano.

EL CIEGO: Cuando aún era vidente y dizque estudiante universitario, el profesor que impartía la clase de Filosofía general dijo algo respecto a esta obra, de aquel entonces recuerdo esta frase: «El pintor que pintó pintando, el mismo que hasta la fecha, después de tantos años, lo contemplamos contemplando su infinita obra». ¿Crees tú que esta frase corresponda de alguna manera con *Las meninas*?

EL SORDO: Completamente, mi hermano. Es increíble que un estudiante de primer ingreso recuerde a su profesor con esta formidable sentencia, la misma no corresponde solamente con *Las meninas*, sino con el divino maestro que a través de su obra se inmortalizó; bueno, y también inmortalizó a otros. Evidentemente, un magnífico pintor, el único dios de la pintura barroca que nunca soltó su pincel.

EL CIEGO: ¡Vaya condena la mía!, jamás tuve el privilegio de presenciar esta inigualable obra de arte; este es un lienzo que solo mis ojos metafísicos contemplarán algún día.

EL SORDO: Mi condena es mayor que la tuya, porque yo podría de alguna manera hacerte una descripción estética (*estética trascendental*) de esta obra en donde tú mismo puedas apreciar con tus manos de ángel y tus ojos metafísicos siquiera la posición de cada uno de los personajes que integran este cuadro, en cambio tú, jamás lograrías traer a mis oídos un solo movimiento de *La Sinfonía fantástica* de Berlioz, obra que yo tanto amé. Como ves, soy más miserable que tú.

EL CIEGO: Al menos tuviste el honor y el privilegio de escucharla en algún momento de tu miserable vida, ¿y qué hay de mí?, yo jamás tuve la oportunidad de contemplar *Las meninas* de Velázquez.

EL SORDO: Está bien, dejemos al pintor por un momento y mejor hablemos de Beethoven, pues según nos contaba mi abuela este *superhombre* hacía ver a los ciegos.

EL CIEGO: Ese cuento ya me lo sé. Llevo años escuchando ese majestuoso *Claro de luna* y nunca he logrado distinguir un solo color; sospecho que cuando escucho esta maravillosa composición romántica, mi ceguera es aún mayor.

EL SORDO: Me asustas con lo que dices. Es como si yo dijera que de tanto escuchar *La Sinfonía fantástica*, me quedé completamente sordo.

EL CIEGO: No es del todo descabellado, pero es preferible que hayas terminado sordo y no en un camposanto como mi abuelo.

EL SORDO: ¿Qué fue lo que pasó con tu abuelo?

EL CIEGO: Se suicidó. Todo ocurrió la noche de un sábado después de haber escuchado *La Resurrección* de Mahler en el Teatro Nacional de Austria.

EL SORDO: ¿Quién estaba al frente de la orquesta ese día?

EL CIEGO: Nada más y nada menos que *El monje de la batuta*.

EL SORDO: ¿Valery Gergiev?

EL CIEGO: ¿Acaso existe otro?

EL SORDO: Sin duda alguna que Gergiev es el mejor director de orquesta del siglo XXI, pero que el anciano se haya suicidado después de presenciar la segunda de Mahler, con *El monje* al mando, sí que es un hecho escalofriante. ¿Sabes si tu abuelo –cuando aún vivía, obviamente– escuchó esta obra teofánica con otra orquesta y, desde luego, con otro director?

EL CIEGO: Mi abuelo siempre le fue fiel a Gergiev, tanto que prefería quedarse en casa si este no estaba al mando de la orquesta. Recuerdo que a diario mencionaba las obras de Mahler, especialmente esta a la que ahora nos referimos.

EL SORDO: Sin importar el motivo, creo que tu abuelo eligió el mejor día para suicidarse; bueno, para redimirse. Redimido por *El monje* así fue enviado al Creador… al Creador de *La Resurrección*.

EL CIEGO: ¿En verdad crees tú que mi difunto abuelo esté ahora reunido con Mahler?

EL SORDO: No solo con Gustav, con todos los dioses de la *música exacta*.

EL CIEGO: ¿Entonces por qué no nos vamos nosotros también?, tal vez tengamos la misma suerte del viejo. Yo me conformaría con ver a Händel y a Velázquez, mis dioses predilectos.

EL SORDO: Auténticos titanes los dos, no obstante, ahora mismo diría que mis deidades preferidas no son barrocas, sino románticas. Supongo que tú ya sabes de quienes se trata.

EL CIEGO: B y B.

EL SORDO: Efectivamente, Brahms y Berlioz son hoy mis preferidos; el primero, por su *Réquiem de la vida*; el segundo, por su divina *fantástica*; bueno, y también por su Misa de Réquiem.

EL CIEGO: Y qué bien que lo digas de esa manera, porque, como todos sabemos, el compositor de *Harold en Italia* también compuso un exquisito Réquiem, tal vez no como el de Johannes, pero acepta que es un Réquiem maravilloso, divina obra musical por la que no quiso destacar el soberbio Beethoven.

EL SORDO: ¿Acaso crees tú que Ludwig tuvo miedo de componer una Misa de Réquiem?

EL CIEGO: No, *El Rey de las Novenas* sabía que si componía una obra como esta moriría prematuramente como ocurrió con el teofánico Wolfgang Amadeus Mozart (maestro del más estupendo y sobrecogedor Réquiem que se haya compuesto y escuchado jamás), «...considerando que su obra quedó incompleta». Infortunadamente el Mesías quiso llevárselo antes de concluido el encargo, su encargo.

EL SORDO: Sabes, hermano, cuando yo escucho (oníricamente) esta teofanía musical no sé si estoy en El Paraíso celestial o en poder de un espíritu maléfico.

EL CIEGO: Mi hermano, yo diría que estás en ambos; esto es así, como un puente entre la vida y la muerte en donde nunca sabes qué dirección tomar, dado que en ese preciso instante tu voluntad está siendo arrebatada por dos deidades indistinguibles; o sea que nunca sabrás si regresas del Paraíso celestial o del mismísimo infierno, aunque aparentemente estés saliendo de un fastuoso teatro. Nomás trato de expresarte la fruición espiritual que teofaniza todo mi ser esas noches sabáticas cuando presencio esta magistral obra de arte, la mejor del Clasicismo.

EL SORDO: ¿Tal como me has dicho de *El Mesías* respecto del Barroco?

EL CIEGO: Efectivamente, y aunque muchos noveles difieran de nuestras proposiciones, estoy indubitablemente de tu lado. Escuchar una Misa de Réquiem no se equipara con nada, ni siquiera con la Sinfonía no. 9 del coloso Beethoven.

EL SORDO: Primero aclaremos esto: ¿estás hablando de una Misa de Réquiem en general, o te refieres exclusivamente a la obra de Amadeus?, porque tú sabes bien que se compusieron muchas Misas de Réquiem, no obstante, es casi imposible que estas superen a la mejor composición de Ludwig; diría que solo imaginarlo es una aberración irremisible. En todo caso, si existe un Réquiem que iguale o supere a la mejor de las novenas, solo hay uno, y no puede ser otro que la magistral obra clásica de Amadeus Mozart.

EL CIEGO: Sí, es verdad, creo que no me di a entender, aunque sospecho que los dos nos estamos equivocando al hacer tales comparaciones. No tiene caso equiparar un Réquiem con una Sinfonía. Pero si fuera el último día de tu vida y te tocara elegir entre un Réquiem, una Sinfonía o una Ópera, ¿cuál sería la obra musical de tu última despedida?

EL SORDO: Si voy a fenecer ese día, qué mejor que el Réquiem de Wolfgang. Diría que hasta un novel de la música exacta se decidiría por este. ¿Acaso tú no lo harías?

EL CIEGO: En tales circunstancias sería hasta paradójico no inclinarse por la Misa de Réquiem.

EL SORDO: Tan paradójico como aquel que invita a una chica a su casa, se embriaga con ella, mas no escuchan *La traviata* de Verdi. Tú ya lo has vivido, ¿cierto?

EL CIEGO: Y tú sabes bien lo que pasó con ella.

EL SORDO: Qué pena contigo, mi hermano, porque mi Violetta sí regresó; se la pasaba tan bien conmigo que en ocasiones ya ni quería irse a su casa.

EL CIEGO: ¿Volviste a saber algo de ella?

EL SORDO (en tono melancólico): Es una funesta historia que a veces no quisiera recordar: esa chica adorable que frecuentaba mi casa los fines de semana —minutos antes de la boda—, se lanzó de un puente de cuarenta metros de altura, desde entonces emular al gran Alfredo se volvió solo un sueño para mí, pues ya no volví a encontrarme otra Violetta.

EL CIEGO: Tienes que estar bromeando. ¿Por qué haría ella eso? ¿Cómo es posible que tu sublime Violetta no haya pensado en otra cosa más que la muerte?

EL SORDO: Según me contó su hermana el hombre con quién debía casarse, obligada por sus padres, era un pisaverde adinerado, execrable y zafio reguetonero

EL CIEGO: El amor da un exquisito sentido tanto a la vida como a la muerte, amor propio en el caso de tu novia. Me temo que ella no tenía opción, y toda chica en su lugar vería el suicidio como única salida, tal como lo hizo tu amada y cara Violetta; ¡qué osadía de mujer! Pensándolo bien, es que no pudo ocurrir de otra manera. Es como pensar que Anna Netrebko desprecie a Yusif Eyvazov para casarse con un impúdico rapero, espero no equivocarme.

EL SORDO: No lo creo. Y qué decir de Elīna Garanča, Angela Gheorghiu, Magdalena Kožená, Cecilia Bartolli... Con esto reafirmamos la siguiente sentencia: *La divinidad busca a la divinidad, así como el mortal cohabita solo con el mortal.* Y no es que quiera justificar la muerte de mi valiente y distinguida novia que probablemente hoy fuera mi esposa, simplemente estoy diciendo la verdad.

EL CIEGO: Claro, solo tratamos de tener la más sobria conversación respecto a la penosa muerte de tu amada diva. Creo que toda la culpa estriba sobre la impudicia y el salvajismo de sus padres.

EL SORDO: En efecto, ese par de incultos siempre me trató con desdén, motivo por el cual yo raras veces acompañé a mi Violetta hasta su casa. Infortunadamente tampoco pude acompañarla el día de su funeral. Ahora ellos deben odiarme todavía más, pero qué importa ya.

EL CIEGO: Apenas tienes treinta, compadre, no sé por qué te sientes tan abrumado; que la hayas perdido de esa manera no justifica en absoluto tu estado de ánimo. ¿Qué tal si mejor vamos por una cerveza?

EL SORDO: Está bien, vamos; eso sí, solo será una.

EL CIEGO: Tranquilo abstemio, solo será una, a no ser que nos encontremos a una Dalila por ahí. Todo es posible.

EL SORDO: Deja de alucinar, en este pueblo solo había dos chicas con voz de soprano, y tú pensando en que puedes encontrarte con una mezzo, como si viviéramos en un Paraíso musical.

EL CIEGO: Podría ser una contralto.

EL SORDO (con gesto sardónico): Mencióname el nombre de una contralto que tú conozcas.

EL CIEGO: Ninguna. Tengo entendido que ...esta voz suelen interpretarla las mismas mezzosopranos, pues dicen que las contraltos son demasiado escasas.

EL SORDO: ¿Me trajiste hasta acá por una cerveza o qué?

EL CIEGO: Relájate, ahora mismo las ordeno. ¿Quieres Miller o Heineken?

EL SORDO: Pesándolo bien, creo que me caería mejor un buen tequila.

EL CIEGO: Pienso lo mismo, con este condenado frío para qué cerveza.

EL SORDO: ¡Salud, hermano!

EL CIEGO: Por nuestra amistad y los pocos años que nos quedan de vida.

EL SORDO: No está tan mal el lugar.

EL CIEGO: No se puede pedir mucho en este pueblo.

EL SORDO: Como sea que fuere, es un lugar digno de frecuentar. Mira esos cuadros, son remedos, pero están bien hechos.

EL CIEGO: ¡Cuadros!

EL SORDO: Justo enfrente tuyo tienes una copia de *Las meninas*.

EL CIEGO: Debes estar bromeando, nunca ha habido cuadros en este lugar.

EL SORDO: Tal vez la cantina cambió de dueño, compadre, o, este cambió de conciencia. Una buena obra de arte puede redimir un alma perdida.

EL CIEGO: Se cuentan los casos, pero sí, es posible. Fue con Buxtehude, Pachelbel, Purcell, Händel, Bach, Murillo, Rembrandt, Rubens, Vermeer, entre otros, que comencé a tener *conciencia de lo trascendente*, y de que los seres humanos no son tan humanos como aseveran algunos escritores pretenciosos.

EL SORDO: Sabes que mi proceso de humanización también tiene un origen barroco, y aunque sé muy poco de Vermeer, creo haber visto algunas de sus obras: *La lección de música interrumpida*, *El concierto* y su obra magistral *La joven de la perla* para ser exacto.

EL CIEGO: Vaya sublime tríada de arte la que acabas de mencionar. ¿Por suerte no habrá expuesta alguna de estas sublimes pinturas aquí en esta sala sombría?

EL SORDO: No amigo, no veo nada del pintor holandés por acá, sí logro apreciar un cuadro de Murillo.

EL CIEGO: Increíble, este tipo tiene un gusto especial por los pintores sevillanos.

EL SORDO: Al juzgar por lo que cuelga de esas paredes quién diría que no.

EL CIEGO: ¿Logras identificar el cuadro de Murillo?

EL SORDO: Sí, se trata de un lienzo exquisito: *Joven mendigo*.

EL CIEGO: Grandiosa obra, la conocí unas semanas después de haber estado en un museo en Washington contemplando *Mujeres en la ventana*.

EL SORDO: Eres privilegiado.

EL CIEGO: No tanto como tú.

EL SORDO: Acepta que ambos hemos visitado grandes galerías de arte, sin duda, las mejores.

EL CIEGO: Es verdad; y qué grata conversación, hermano, pero se está haciendo tarde.

EL SORDO: De acuerdo, pide un tequila para llevar y larguémonos de esta soberbia y extraña cantina.

ESTOY ESCRIBIENDO UNA NOVELA
(Padre, hijo, y la hija del carpintero)

PADRE: ¿Quieres venir conmigo al teatro?

HIJO: Con todo gusto lo haría si no estuviese tan ocupado.

PADRE: Pero si van a interpretar tu obra favorita.

HIJO: No te creo.

PADRE: ¿Acaso no es *Una noche en el monte pelado* tu preferida?

HIJO: Lo fue hace unos meses; ahora prefiero *La isla de muertos*.

PADRE: Jamás han interpretado el teofánico poema sinfónico del maestro ruso en ese teatro.

HIJO: Es que no cualquier pelafustán interpreta a Rachmaninov.

PADRE: ¿Qué haces tanto tiempo encerrado en tu cuarto?

HIJO: Intento escribir una novela.

PADRE: ¡Una novela!

HIJO: Sí, cosa que tú jamás hiciste; bueno, ni siquiera imaginaste; no hacías más que embriagarte con los bergantes de tus amigos; por tu culpa mamá se fue de la casa.

PADRE: Tu madre se fue porque quiso; y respecto a lo de tu novela, es una broma, ¿cierto?

HIJO: ¿Cuándo he bromeado yo contigo?

PADRE: ¿Y cuántos libros has leído para que te sientas escritor?

HIJO: No es la cantidad, se trata de calidad aunada a la disciplina, más algo de talento, eso sí. A diferencia de mi padre, yo sí termino de leer cada libro que tomo de ese anaquel que tienes justo enfrente tuyo.

PADRE: No tiene caso perder el tiempo con un libro en el que no se lee nada sustancioso.

HIJO: No digas sandeces, conozco todos los libros que mi madrina y yo hemos ordenado en los cuatro anaqueles que se encuentran en la casa y no he visto uno solo que no sea digno de leer. Nunca terminaste de leer *La montaña mágica* ni *Penas del joven Werther*. Y qué decir de *La caída* de Camus.

PADRE: Ninguno de los tres vale la pena, mi querido hijo.

HIJO: ¡Qué aberración, Ave María!, ni el más necio entre los hombres osaría proferir tus abominables palabras. Esta tríada de libros debe ser leída no solo una vez, sino todas las veces que sea posible, viejo ignominioso.

PADRE: Bien, tú sigue escribiendo, yo me voy a escuchar a Mussorgsky.

HIJO: Hoy no quiero escribir, así que te acompañaré al teatro.

PADRE: Pues corre que se nos hace tarde.

HIJO: ¿Quién dirige hoy?

PADRE: No tengo idea.

HIJO: Seguro es Dudamel.

PADRE: ¿Te gusta cómo dirige el maestro venezolano, cierto?

HIJO: Que le guste a Ratzinger no significa que también sea de mi agrado. Es verdad que denota mucha pasión y coraje al momento de conducir la orquesta, no obstante, mi director favorito siempre será el maestro letón.

PADRE: ¡Míralo! ¿No te asombran esos movimientos intensos de su batuta?

***

HIJO: Me gustó el final.

PADRE: Me alegra que lo digas. Y qué tal tu relación con la hija del carpintero.

HIJO: Últimamente la noto muy poco receptiva conmigo.

PADRE: ¿Ella sabe que estás escribiendo una novela?

HIJO: Desde entonces ha mostrado un comportamiento extraño respecto de mí.

PADRE: Al carpintero como que le agradas sobremanera.

HIJO: ¿Cómo no agradarle a un hombre tan culto?

PADRE: A su esposa también la he visto en el teatro.

HIJO: Si ella estuvo ahí fue por accidente, porque según me cuenta don José, a su mujer solo le apasionan las discotecas y los bares de 'mala reputación'. No logro asimilar cómo un hombre tan ilustrado como este pudo fijarse en esa meretriz.

PADRE: No exageres, que tú sabes bien cómo es la gente en este pueblo; uno no puede ni saludar a la vecina porque ya andan diciendo que la benevolente mujer se acostó contigo.

HIJO: Tú la conoces mejor que yo, padre, y sabes que no estoy exagerando.

PADRE: ¿Te casarías con su hija?

HIJO: Charlotte es diferente, a veces pienso que ni siquiera es su hija; es que estas dos mujeres no se parecen en nada.

PADRE: Tú tampoco te pareces a tu padre, amigo.

HIJO: Ese no es mi problema, viejo, no debiste hacerte cargo de mí.

PADRE: Creo que a pesar de todo nos entendemos, y eso es lo más importante, ¿no te parece?

HIJO: Desde luego. No entiendo por qué no te volviste a casar.

PADRE: Creo que yo no nací para el matrimonio, y siempre fui una tortura para tu madre. En ocasiones pienso que tú tienes razón.

HIJO: ¿De qué hablas?

PADRE: Yo soy el culpable de que tu madre nos haya abandonado.

HIJO: Ni lo menciones, ya no tiene importancia alguna. Veré si está Charlotte en el patio del taller de don José, me urge hablar con ella, conjeturo que no entendió nada cuando le dije que estaba trabajando en un libro.

PADRE: ¡Ella también escribe!, ¿cómo pudo irritarse de esa manera contigo?

HIJO: Su poemario resultó ser un fracaso; el director de la editorial del pueblo no quiso publicárselo por más que la pobre chica se lo rogó; yo le ofrecí mi ayuda para revisarlo y tratar de depurarlo un poco, pero se negó rotundamente.

PADRE: Será mejor que no le menciones nada al respecto; dile que ya no estás escribiendo y que tampoco quieres publicar.

HIJO: Todo depende de lo que le esté comentando el carpintero, a quien siempre le comparto alguna idea de mi libro inédito.

PADRE: Veo que prefieres compartir tu libro con cualquier particular y no con tu padre.

HIJO: A ti no te gusta hablar de estas cosas, viejo. Yo sé que tú vas al teatro solo para que te mire la gente. Las personas cultas siempre tienen algo qué compartir, en cambio tú, nunca te has mostrado interesado en hablar conmigo sobre un tema en especial.

PADRE: Quiero saber algo de tu novela.

HIJO: Dime qué quieres saber.

PADRE: ¿Es clásica o romántica?

HIJO: ¡Vaya!, tu pregunta sobre mi libro sí que es digna de responder, viejo.

PADRE: Me subestimas demasiado, hijo. Es verdad que muchos libros apenas los comienzo a leer…, los dejo, pero *El Discurso del método, Apología de Sócrates, La divina comedia, La Ciudad de Dios, La suma teológica, El elogio de la locura…* estos sí que los leí de prólogo a epílogo.

HIJO: Debes estar borracho.

PADRE: Sabes muy bien que no lo estoy; lo que pasa que tu padre no es tan pretencioso como tú que vas por ahí hablando de una obra magistral cuando esta ni siquiera ha sido publicada. Por cierto, no respondiste mi pregunta.

HIJO: Mi novela es romántica, al estilo de Goethe y Alphonse de Lamartine.

PADRE: Te deseo toda la suerte del mundo con tu libro, mi preciado amigo.

HIJO: No la necesito, pero gracias.

PADRE: ¡Mira, hijo! ¿Acaso no es Charlotte la chica de vestido rojo que está barriendo el patio del taller de don José?

HIJO: ¿Crees que la conocía?

PADRE: Como que te está saludando.

HIJO: Vuelvo enseguida, al parecer hoy sí quiere hablar conmigo.

***

CHARLOTTE: Hola, Robert, ¿qué tal te fue esta mañana en el teatro?

ROBERT: La verdad que no me arrepiento de haber acompañado a mi padre; yo sé que Dudamel no conduce la orquesta como *El daimon de la batuta*, sin embargo, creo que hoy sí se ganó el respeto de muchos europeos; solo espero que esto no sea algo efímero como suele ocurrir con algunos supuestos maestros de orquesta que van por ahí prostituyendo el verdadero arte musical.

CHARLOTTE: Yo mejor no digo nada al respeto. Hace unas semanas tuve la oportunidad de ver al divino maestro letón dirigiendo *La sinfonía del nuevo mundo*; tu padre también se hizo presente ese día. ¿Cómo vas con tu libro?

ROBERT: Con ese vestido, pareces una mensajera de Dios.

CHARLOTTE: Me lo obsequió don Erasmo el mismo día en que Mariss Jansons dirigía la novena de Dvořák.

ROBERT: ¿Dices que mi padre te regaló ese vestido?

CHARLOTTE: Sí, tu padre; mejor dicho, mi querido suegro. Gracias por tus palabras halagüeñas.

ROBERT: De nada, señorita. En cuanto a mi libro, espero publicarlo antes de navidad.

CHARLOTTE: Estamos a un mes para ser exactos. Felicidades, caballero, me satisface sobremanera saberlo; espero leerlo una vez que lo publiques.

ROBERT: Gracias, y por supuesto que te obsequiaré el tuyo. ¿Y qué pasó con tu poemario?

CHARLOTTE: No era más que una bagatela, lo rompí hoja por hoja y luego lo arrojé al bote de la basura, desde entonces no he vuelto a escribir una sola línea y no creo intentarlo de nuevo.

ROBERT: Como que te tomaste muy en serio esa narración de Alphonse de Lamartine; mejor no debí prestarte ese libro.

CHARLOTTE: No digas incoherencias, Rafael es un gran personaje que tal vez sí se equivocó al haber quemado su escrito, pero mi caso es completamente antagónico al suyo, como te dije hace un momento, un completo disparate.

ROBERT: Ambos sabemos que a Rafael le devolvieron su manuscrito una semana después de habérselo entregado al director de la editorial, y si se negaron a publicárselo, no fue porque este careciera de valor, simplemente se trataba de un escrito inclasificable. ¿Dime cuánto tiempo tardó ese supuesto editor en devolverte tu poemario después de que se lo entregaste?

CHARLOTTE: Menos de cinco minutos. Recuerdo que solo leyó la primera y última páginas para devolvérmelo mientras me decía: «Tú debes estar loca, niña, ni siendo tu marido te publicaría semejante disparate». Supongo que tú buscarás a otro editor, ¿cierto?

ROBERT: No hay muchos en este pueblo, pero prefiero gastar más dinero y salir de este municipio antes que llevarle mi trabajo de casi tres años a ese zafio editor al que fuiste tú.

CHARLOTTE: Si gustas, yo puedo acompañarte.

ROBERT: Siendo así, debes estar lista para la semana entrante.

CHARLOTTE: Estoy lista cuando tú me digas. ¡Ah!, por cierto, Robert, tienes un padre maravilloso.

ROBERT: Eso no es cierto. ¿Dime qué fue lo que te dijo él para que te contentaras conmigo?

CHARLOTTE: La verdad que no recuerdo haber mencionado tu nombre ese día; sí me dijo que podía visitar su casa cuando yo quisiera.

ROBERT: Creo que a tu madre no le agrado mucho que digamos.

CHARLOTTE: ¿Y quién le agrada a esa señora avinagrada?

ROBERT: Si quieres viajar conmigo a la ciudad, lo más prudente es que se lo digas a ella esta misma tarde, así no me hago falsas ilusiones.

CHARLOTTE: Me dirá que me vaya y no regrese nunca.

ROBERT: Yo encantado de que no regreses.

CHARLOTTE: Soy cinco años mayor que tú.

ROBERT: Tu madre es diez años mayor que don José.

CHARLOTTE: Yo los miro de la misma edad.

ROBERT: ¿Tal y como nos miramos nosotros dos?

CHARLOTTE: Justamente.

ROBERT: Mi padre cree que soy demasiado joven para pensar en que puedo publicar una novela y alcanzar el éxito con esta, sin embargo, su opinión difiere en absoluto respecto del matrimonio.

CHARLOTTE: Respeto su opinión referente el matrimonio, mas no respecto de tu novela.

ROBERT: Diría que yerra en ambos casos. No hay edad que determine el momento exacto para escribir y publicar un libro, pero casarse antes de los treinta años, me temo que es una completa locura.

CHARLOTTE: Acabas de decirme que estarías encantado de que yo me fuese contigo y no regresase jamás a casa de mis progenitores, mas no te casarás conmigo hasta cumplir los treinta años.

ROBERT: Francamente, no pienso casarme nunca. Si te dije que estaría encantado de que no regreses a tu casa con tu madre, no lo digo tanto por mí, sino por mi padre; ese maldito dipsómano está muy mal de salud y yo no puedo atenderle siempre; claro, solo será por unos meses.

CHARLOTTE: Yo no tengo ningún problema con eso, pero no sé qué dirá mi padre cuando le diga que me voy de la casa.

ROBERT: ¡¿Quién se casa en este pueblo?! Le dices que decidiste irte a vivir conmigo, y listo.

CHARLOTTE: Con lo indulgente que ha sido conmigo no creo que se enfade tanto. Solo déjame sacar algunas cosas de mi pertenencia y nos vamos.

***

ROBERT: ¿En ese cofre llevas todo?

CHARLOTTE: No preciso más por ahora. Imagínate si me es imposible adaptarme a mi nuevo hogar.

ROBERT: ¿En serio lo crees?

CHARLOTTE: Con tu padre enfermo y tú tan atareado, ¿qué más puedo pensar?

ROBERT: Podrías trabajar conmigo en mi libro. Quiero que seas tú quien prologue mi primer libro.

CHARLOTTE: Para escribir el prólogo de tu libro, primero tengo que hacer una buena lectura de este.

ROBERT: En esta casa tenemos una pequeña pero decorosa sala de estudio.

CHARLOTTE: Tal parece que tu padre no está aquí. ¡Qué pena cuando me mire aquí contigo!

ROBERT: Tranquila, ese señor no se inmuta ante nada. Seguro se fue a comprar algo para la cena.

CHARLOTTE: O tal vez salió por una cerveza.

ROBERT: No lo dudo.

CHARLOTTE: Tocan la puerta.

ROBERT: ¿Quién podría ser? Mi padre siempre anda llaves.

CHARLOTTE: Tal vez hoy las olvidó, porque mis padres no son. Cuando entré al cuarto por mis cosas, le dije a papá que me mudaba contigo.

ROBERT: Pensé que don José no se había enterado.

CHARLOTTE: Sonrió al verme salir.

ROBERT: No veo las llaves por ninguna parte.

CHARLOTTE: Creo que hay un manojo de llaves debajo de la mesa de comedor.

ROBERT: Entonces sí, es él.

CHARLOTTE: ¿Abro la puerta?

ROBERT: Sí, hazlo.

CHARLOTTE: ¡Mira!, dejaron una pizza, pero no veo a nadie.

ROBERT: ¡Imposible! ¿Cómo puede alguien esfumarse en apenas segundos?

CHARLOTTE: Como que aún está caliente esta cosa.

ROBERT: Qué importa quién la haya dejado, comamos hasta saciarnos y listo.

CHARLOTTE: Dejaron un sucinto letrero aquí en el borde de la caja, aunque no logro distinguir esta firma. ¿Tú sabes de quién es?

ROBERT: Serénate, conozco esa firma.

CHARLOTTE: ¿Seguro que es la firma de don Erasmo?

ROBERT: Si acaso tienes alguna duda, compárala con la firma de ese libro de *Historia de la filosofía moderna* que yace sobre esa silla mecedora.

CHARLOTTE: Idénticas.

ROBERT: ¿Lo ves?

CHARLOTTE: Pues a comer pizza se ha dicho. Cada vez tienes más libros en esos anaqueles.

ROBERT: Es mi madrina, ella nunca viene con las manos vacías.

CHARLOTTE: Veo que tienes otro ejemplar de *Rafael*.

ROBERT: Sí, solo que este es de una editorial francesa.

CHARLOTTE: No me subestimes, entiendo el francés mejor que cualquier estudiante de lenguas extranjeras.

ROBERT: Lo aprendiste por *Carmen*, ¿cierto?

CHARLOTTE: *Carmen* y *Lakmé*. Me prometí a mí misma que el día que estuviese en un teatro disfrutando de una de estas exquisitas óperas no necesitaría traducción al español.

ROBERT: ¿Y cumpliste tu sueño?

CHARLOTTE: En reiteradas ocasiones.

ROBERT: Es muy grato saberlo. Ese es un privilegio del que solo tú te puedes jactar en este pueblo.

CHARLOTTE: ¿Y qué me dices tú? Serás el primero en publicar un libro en este extraño y misterioso pueblo.

ROBERT: Un libro que nadie va a leer.

CHARLOTTE: Sabes que yo sí lo haré, del mismo modo que tú lo harás con mi poemario.

ROBERT: ¡Poemario!

CHARLOTTE: ¿Acaso crees que sería tan estulta como para tirar a la basura mi trabajo intelectual de más de un lustro?

ROBERT: Sin duda, será el mejor viaje de nuestras vidas, mi preciada Charlotte.

CHARLOTTE: ¿Me ayudarás con el prólogo?

ROBERT: ¿En serio me dejarás leer tu obra poética?

CHARLOTTE: Aquí tienes el último borrador de mi libro.

ROBERT: Perfecto, ahora tenemos trabajo qué hacer.

CHARLOTTE: Redactaré el prólogo que todos quieren leer.

ROBERT: Claro, yo prometo hacer lo mismo.

***

CHARLOTTE: Mi reloj marca las 11:45 p. m.

ROBERT: ¿Quieres dormir ya?

CHARLOTTE: La verdad que sí.

ROBERT (señalando con el índice de su diestra una puerta de caoba): Puedes quedarte en ese cuarto.

CHARLOTTE: Es tu recámara, ¿verdad?

ROBERT: Sí, mudé las sábanas esta mañana.

CHARLOTTE: ¿Y tú dónde te quedarás a dormir?

ROBERT: En la sala de lectura tengo un pequeño diván.

CHARLOTTE: Pensé que querrías acompañarme en mi primera noche.

ROBERT: En tu casa dormías sola.

CHARLOTTE: Porque no estabas tú.

ROBERT: Está bien, solo déjame terminar la segunda lectura de tu poemario.

CHARLOTTE: No te demores demasiado. Si no estás aquí en cinco minutos, quédate en tu diván.

ROBERT: Ya duérmete.

CHARLOTTE (más dormida que despierta): Te quiero, Robert.

ROBERT (hablando en voz baja mientras sale de la habitación donde yace dormida la joven poeta): ¿Dónde estará ese viejo dipsómano?

DON ERASMO: Ya abre la maldita puerta.

ROBERT (aproximándose a la puerta principal): ¿Padre, eres tú?

DON ERASMO (que entra en su casa): Me satisface sobremanera lo de tu viaje con ella.

ROBERT: ¿Estuviste fuera de la casa todo este tiempo?

DON ERASMO: Estuve conversando con algunas estrellas y de paso me tomé mi doce de Miller. Toma, te traje una botella de vino rumano. Ahora me voy a dormir. Hasta mañana.

ROBERT: ¿Seguro que solo te tomaste un doce?

DON ERASMO: Sabes que con doce cervezas no me quito ni la sed; es más, abre esa botella, ya se me fue el sueño.

ROBERT: Está bien, pero no te exaltes, vas a despertar a Charlotte.

DON ERASMO: Si no es que ya la desperté.

ROBERT: Y se acababa de dormir.

DON ERASMO: Tal vez le hace falta una copa de vino.

CHARLOTTE (saliendo de la habitación): Hola, don Erasmo.

DON ERASMO: ¿Una copita?

CHARLOTTE: Me fascina el vino.

DON ERASMO: A Robert también le encanta, ¿cierto, hijo?

ROBERT: A todos nos gusta el vino rumano, padre.

CHARLOTTE: ¡Salud!

ROBERT: Por Angela Gheorghiu.

CHARLOTTE: Brindemos por la más hermosa y majestuosa diva del siglo XXI hasta que se acabe la botella.

DON ERASMO: Mejor hasta que se acabe la noche.

ROBERT: Creo que si te tomas otra copa ya no te levantas.

DON ERASMO (balbuceando): Mi cuerpo no, mi espíritu sí.

***

CHARLOTTE: Parece que esa fue la última copa de tu padre.

ROBERT: Al menos está en casa.

CHARLOTTE: ¿Y tú quieres otra copa?

ROBERT: La última, no quiero estar enfermo.

CHARLOTTE: De acuerdo, la última y nos vamos a dormir.

ROBERT: Ya se me fue el sueño; terminaré de redactar el prólogo de tu libro.

CHARLOTTE: Creo que yo también haré lo mismo.

***

ROBERT: Terminé.

CHARLOTTE: Qué bien, yo estoy redactando el último párrafo.

ROBERT: Nuestro viaje a la ciudad ya no será en una semana, viajaremos mañana.

CHARLOTTE: Tenemos todo listo, podemos viajar hoy si quieres.

ROBERT: El autobús sale en menos de una hora.

CHARLOTTE: Genial, solo espero encontrar ese vestido rojo que tanto te fascina.

ROBERT: Como tú quieras, Charlo; mientras tanto, yo buscaré un folder plástico para guardar nuestros libros inéditos.

CHARLOTTE: ¿Quieres que te sirva un poco de café?

ROBERT: Por favor.

CHARLOTTE: ¿Le sirvo también a don Erasmo?

ROBERT: Sírvete tú, ese hombre no se levanta en todo el día.

CHARLOTTE: ¿Estás escuchando lo mismo que yo?

ROBERT: ¡Maldición!, creo que es el bus. Ven conmigo, querida.

CHARLOTTE (corriendo detrás de Robert): Se escucha lejos.

ROBERT: Entre más lejos lo escuchas más cerca está.

CHARLOTTE: ¡Vaya! Y yo pensando que se trataba de un chiste.

ROBERT: ¡Vamos, querida! Sube al bus y no saludes.

CHARLOTTE (aborda el autobús y saluda amablemente): Buenos días.

ROBERT (hablando en voz baja): Te dije que no lo hicieras.

CHARLOTTE: ¿Por qué nadie respondió a mi saludo?

ROBERT: Siéntate, no tiene caso discutirlo.

CHARLOTTE: ¿En cuántas horas estaremos con el editor?

ROBERT: Con suerte, en dos.

CHARLOTTE: Qué bien, porque este bus apesta.

ROBERT: Te quejas demasiado, Charlo, agradece que por lo menos encontramos un asiento disponible.

CHARLOTTE: Con lo confortable que son estos asientos, preferible ir de pie.

ROBERT: Ya cálmate, no es para tanto.

CHARLOTTE: Lo haré solo si me das un beso.

ROBERT (besa a su novia en la mejilla): Te amo, mi queridísima Julia.

CHARLOTTE: Pensé que me besarías en la boca.

ROBERT: No quise arruinar tu labial, ambos debemos lucir muy bien cuando nos presentemos ante el editor.

CHARLOTTE: Como tú digas, genio del amor. Dime en cuánto tiempo llegaremos a la oficina del editor; es que ya no soporto tanta contaminación en mis oídos.

ROBERT: Debiste traer tus audífonos a prueba de ruido; en tales circunstancias es cuando más se requiere de estos.

CHARLOTTE: ¿Me prestas los tuyos un momento?

ROBERT: ¿Acaso quieres verme vomitando?

CHARLOTTE: Entonces dame una bolsa, que ya no soporto este ominoso ruido.

ROBERT: Bajamos en la siguiente estación.

CHARLOTTE (vomitando en los zapatos de Robert): Te dije que me dieras una bolsa.

ROBERT: Y yo cuidándome de tu labial… Toma tu bolso, ya llegamos.

CHARLOTTE: Lo siento, querido, tú sabes que soy alérgica a esa cosa.

ROBERT: Acelera el paso, es domingo y el editor suele irse temprano a su casa.

CHARLOTTE: ¿Tenemos que caminar mucho?

ROBERT: Estamos llegando.

CHARLOTTE: ¡Genial!

ROBERT (tocando la puerta principal de una pequeña casa que don Bruckner convirtió en editorial, grita varias veces el nombre del editor): Don Bruckner…

CHARLOTTE: ¿Se habrá ido a su casa? No se escucha a nadie ahí dentro.

ROBERT (en voz alta): Don Bruckner, soy yo, Robert.

EL EDITOR (a espalda de Robert): Los esperaba en una semana. Me alegra que estén aquí. ¿Qué tal el viaje? Pasen. Salí por un café.

ROBERT: Gracias don Bruckner, pero mire mis zapatos.

CHARLOTTE: No fue mi culpa, señor; desde que tengo conciencia de lo trascendente, los execrables 'conciertos' de anuros (que todos los taxistas y 'buseros' aman sobremanera), a mí siempre me provocan náuseas.

EL EDITOR: La misma razón por la que yo solo viajo cuando se presenta alguna peripecia. Ese es un veneno mortal al que por desgracia casi toda la juventud ya se hizo inmune. No asimilo cómo estos muchachos del siglo XXI pueden sentirse imantados por esa abominable bazofia. Así que no la culpes, amigo, me temo que la señorita no tenía opción.

ROBERT: Yo la entiendo perfectamente, maestro.

DON BRUCKNER: Bien, ¿y dónde estás vuestros escritos?

CHARLOTTE: Ambos están en este folder.

DON BRUCKNER: Perfecto. ¿Cuántos ejemplares quieren que imprima en esta primera edición?

ROBERT: Los que usted considere pertinentes, poeta.

DON BRUCKNER: Por cada edición, haré un tiraje de mil ejemplares.

ROBERT: ¿De cuánto sería su costo, señor?

EL EDITOR: Solo déjenme que imprima un ejemplar de ambos escritos para que se vayan contentos. Pónganse cómodos, no tardaré más de veinte minutos.

CHARLOTTE: Disculpe, señor: ¿editará esos libros sin leerlos previamente?

EL EDITOR: Lo haría si no conociera el talento de Robert.

CHARLOTTE: ¿Y qué hay de mí?

EL EDITOR: Si fue Robert quien prologó tu poemario, no tengo nada qué revisar.

ROBERT: Ven conmigo, querida.

CHARLOTTE: ¿Quieres que te dé un 'beso francés' o prefieres un abrazo africano?

ROBERT: Siendo así, prefiero un abrazo.

CHARLOTTE: ¡Qué emoción, no lo puedo creer!

ROBERT: Te dije que todo sería un éxito.

CHARLOTTE: Pensé que no conocías al editor.

ROBERT: Es un viejo amigo de mi padre, y también de don José.

EL EDITOR (mostrando los dos libros que imprimió): ¿Qué les parece, jóvenes?

CHARLOTTE: Impecables.

ROBERT: Muchísimas gracias, maestro, pero por favor dígame cuánto tengo que pagarle por la edición de ambos libros.

EL EDITOR: Solo quiero que me firmen estos dos ejemplares que imprimí para mí.

ROBERT: Eso lo haremos sin ningún problema; acepte al menos estos quinientos euros.

EL EDITOR: Los tomaré, solo para que me firmen los libros.

CHARLOTTE: No invente, maestro, usted tiene que cobrar por su trabajo.

EL EDITOR: Erasmo y José son mis mejores amigos, por favor denle a cada uno un abrazo de mi parte, díganles que los espero con el mejor vino rumano. A ustedes les enviaré su paquete de libros en una semana.

CHARLOTTE: Increíble.

EL EDITOR: Así es, tengo unas máquinas que trabajan solas. Me satisface sobremanera que hayan venido. Por favor cuídense. Feliz navidad y larga vida.

CHARLOTTE y ROBERT (haciendo una ligera reverencia): Hasta luego, caro y distinguido maestro. Feliz navidad y vida eterna.

EL EDITOR (en cuanto los jóvenes se alejan): Espero ser el padrino de vuestra boda.

CHARLOTTE y ROBERT (ambos a la vez): Será un honor, maestro.

EL ABSTEMIO Y EL LICENCIOSO

EL ABSTEMIO: ¿Alguna vez has pensado en mudar ese estilo de vida que llevas? No puedes ir por ahí de cantina en cantina y de burdel en burdel.

EL LICENCIOSO: La gente de estos lugares me ama, desde la más libidinosa meretriz hasta el borracho más andrajoso; ellos son mi familia, siempre lo serán. Todos son felices cuando me ven llegar; despiertan si están dormidos, y una vez despiertos no vuelven a cerrar sus ojos mientras yo no haya terminado de tocar el último capricho.

EL ABSTEMIO: ¿Por qué dejaste el conservatorio? Hoy estarías tocando en las mejores orquestas sinfónicas del mundo y, sin duda, en los palacios más ostentosos. Tus padres estarían orgullosos de ti, no debiste comportarte de esa manera, ellos gastaron mucho dinero para que tú ingresaras a tan prestigiosa escuela de música.

EL LICENCIOSO: Me expulsaron del conservatorio el mismo día que se celebró un festival en honor a Vivaldi. Recuerdo que seleccionaron a los mejores estudiantes del año, y, de todos los violinistas, yo era el mejor. A mí me tocaba interpretar el tercer movimiento de **El Verano** del compositor veneciano, pero no lo hice.

EL ABSTEMIO: ¿No habías practicado lo suficiente o qué?

EL LICENCIOSO: No se trata de eso, nadie interpretaba a Vivaldi mejor que yo. Se trata de mi violinista favorito, Niccolò Paganini. Interpretar al gran maestro genovés, en aquella supuesta escuela de música, era un pecado irremisible; más bien una profanación, lo que yo más anhelaba desde el primer día que me enteré de que interpretar a este virtuoso violinista estaba reglamentariamente prohibido. Recuerdo perfectamente el rostro de mi madre, rebosante de alegría, la miraba perfecta desde el estrado; entonces acomodé mi violín en mi hombro izquierdo y el capricho veinticuatro comenzó a sonar. No había tocado ni treinta segundos cuando aquel rostro angelical se había transfigurado en *El grito* de Edvard Munch; aun así, me dejaron que terminara de interpretar aquella exquisita, divina y teofánica pieza musical. Obviamente mis padres se fueron antes de que yo bajara del escenario. Todo era un tumulto de gritos, lágrimas, injurias y demás. Desde ese día no volví a ver a mis padres.

EL ABSTEMIO: Debiste abstenerte de tocar a Paganini al menos ese día. Vuestros padres no merecían sufrir semejante humillación. Cometiste el peor acto de injusticia con ellos que lo habían dado todo por ti. Por tu maldito 'capricho' echaste todo a perder. ¿Nunca te disculpaste con ellos?

EL LICENCIOSO: Les escribí varios correos, pero nunca me contestaron. Según los comentarios del vulgo; bueno, del vulgo y de los supuestos académicos que conocen el verdadero arte musical, yo estaba poseído por no sé qué espíritu maligno.

EL ABSTEMIO: No solo el vulgo y los miembros integrantes del conservatorio hacen tales comentarios, amigo.

EL LICENCIOSO: ¿Acaso tú piensas como ellos?

EL ABSTEMIO: Todos en el conservatorio (estudiantes y maestros), piensan lo peor de ti. Yo solo digo que eres un genio malogrado. Pero aún estás a tiempo, mi preciado amigo. Mi graduación es en pocos días, quiero que tú estés ahí.

EL LICENCIOSO: Sabes que jamás asistiría a tal evento; ni tus padres ni tus hermanos tolerarían verme en tu fiesta de graduación.

EL ABSTEMIO: Eso no es cierto, ellos saben muy bien que tú eres mi amigo, mi mejor amigo; por no decir que eres el único y el que yo más aprecio. Te compraré un traje decente y serás el invitado especial de mi fiesta. Por cierto, a mi padre le fascina Paganini, tanto por sus conciertos como por sus exquisitos caprichos.

EL LICENCIOSO: ¿Estarás hablando en serio, o lo dices para que te acompañe a tu gran festival?

EL ABSTEMIO: Tendrás la libertad de interpretar la pieza musical que tú quieras, y al que no le guste que se largue de inmediato.

EL LICENCIOSO: No te prometo nada. Si no lo sabías, desde que me expulsaron del conservatorio, yo no volví a presentarme en un espectáculo de tal magnitud. Seguro se burlarán de mí, así como el burgués se mofa del pobre harapiento que deambula por las calles en busca de un tarugo enmohecido.

EL ABSTEMIO: De ninguna manera. Te prometo que te sentirás tan cómodo como nunca lo imaginaste. Destinaré el mejor vino para ti. Todos estaremos rebosantes de alegría si tú estás presente.

EL LICENCIOSO: Sospecho que estás exagerando. Nadie se interesaría por un indecoroso violinista de la calle como yo.

EL ABSTEMIO: Indecoroso o como tú quieras autonominarte, no importa; posees un talento sobrenatural para tocar ese instrumento que hasta la mejor orquesta del mundo se interesaría por ti.

EL LICENCIOSO: A mí me satisface sobremanera tocar en las tabernas. Todos me aclaman rebosantes de alegría. Ellos también se merecen algo para su espíritu, no solo para su estómago. Hoy hay muchas orquestas filarmónicas tocando para un público longevo que ya ni siquiera escucha.

EL ABSTEMIO: Aunque no lo creas, aún hay jóvenes apasionados por la música exacta, hermano, incluyéndome.

EL LICENCIOSO: Conocí a muchos estudiantes del conservatorio que después de recibir sus clases de música se iban a sus casas a bailar reguetón con sus amigos; me refiero a esos amantes de las execrables fiestas nocturnas de las que casi todo el mundo participa, incluyendo algunos impúdicos ancianos. No dudo de que muchos de estos jóvenes instrumentistas hoy son miembros integrantes de las más grandes y reputadas orquestas sinfónicas del mundo.

EL ABSTEMIO: Es verdad, no lo dudo, y seguro siguen haciendo lo mismo.

EL LICENCIOSO: Paradójico pero cierto. Si mi hermana quien supuestamente es *soprano de coloratura*, hace unos días subió un video a las redes sociales que no te imaginas; bueno, creo tú ya lo viste. Ella misma filmó el video presumiendo a sus amigos en un 'concierto' de reguetón, bachata y no sé qué diablos.

EL ABSTEMIO: Vaya profanación de *La reina de la noche*. Margot es muy joven aún, ojalá y con el tiempo adquiera un poco de madurez y se aleje por completo de esos antros abominables que no le hacen nada bien a su reputación.

EL LICENCIOSO: Esa no es más que una ilusa cantante de ópera, laureada por un puñado de zafios que saben de todo, menos de música.

EL ABSTEMIO: Haga lo que haga, es tu hermana, tu única hermana.

EL LICENCIOSO: Una meretriz que vive del *autoengaño*.

EL ABSTEMIO: Ella siempre me pregunta por ti.

EL LICENCIOSO: ¿En serio te comunicas con Margot?

EL ABSTEMIO: En efecto, y también la invité a mi fiesta de graduación.

EL LICENCIOSO: Genial, acabas de confirmar mi ausencia. Si existe una mujer en este mundo de quien no quiero saber nada, es de tu supuesta amiguita. Aunque parece que tú estás muy enamorado de ella, ¿cierto? No está mal una pareja de enamorados ilusos.

EL ABSTEMIO: Margot es una soprano admirable, dale un poco de tiempo y entonces será la Diana Damrau que tú siempre soñaste.

Tu hermana y yo no somos novios; sí, buenos amigos. Tanto ella como tú tienen que hacerse presentes el día de mi fiesta. Ya basta de injurias, amigo.

EL LICENCIOSO: Ya te lo dije, no cuentes conmigo. Las fiestas de graduación suscitan en mí una desesperación escalofriante.

EL ABSTEMIO: Es porque la invité a ella, ¿verdad? ¿Por qué tanto rencor con tus familiares?, ellos solo quieren que tú estés bien. Tu familia te ama, incluyendo a la joven soprano.

EL LICENCIOSO: Pierdes el tiempo, no me vas a convencer con nada. Yo no debo ni merezco participar de tales actos por ningún motivo. ¿Qué dirán tus amigos académicos cuando te vean conversando conmigo?

EL ABSTEMIO: Querrás decir, mis compañeros. Es un arduo trabajo encontrar amigos hoy, mi querido Erick. En esta ciudad, debo decir que tú eres el único amigo que tengo.

ERICK: Al juzgar por lo que dices, no eres tan mediocre como tus compañeros de la universidad. ¡Ajá!, y cuéntame…, cuáles son tus planes con la supuesta soprano.

EL ABSTEMIO: Ya te lo dije, entre Margot y yo no hay más que una entrañable amistad que conservamos desde hace muchos años.

ERICK: ¿Conjeturo que desde el día en que te acostaste con ella?

EL ABSTEMIO: Pero qué disparate estás diciendo.

ERICK: Ningún disparate, Frank, tú bien sabes de lo que estoy hablando. Yo sé mejor que nadie lo ocurrido aquella mañana dominical en el coche de tu madre. O dirás: *Es una afrenta a mi persona.*

FRANK: Solo escuchábamos música. *La traviata,* por cierto.

ERICK: La mejor ópera para estar con una chica, amigo. Lo que no entiendo es por qué se desnudaron completamente si lo único que querían era escuchar música.

FRANK: ¿Acaso tú no lo has hecho? Se trata de un enigma entre la desnudez y la pureza del sonido. No tiene caso explicártelo.

ERICK: Qué maravilloso enigma. Pensándolo bien, sí me gustaría asistir a tu fiesta. Con lo que acabas de decirme, creo no te importará si toco desnudo en tu celebración, ¿cierto? Así ya no tienes que preocuparte por mi traje.

FRANK: Sabes que de ninguna manera permitiría semejante irreverencia en casa de mis padres. ¿Acaso quieres repetir lo acontecido en el conservatorio?

ERICK: Solo debes decir que se trata de un enigma: el enigma de la desnudez y el sonido puro; que me presento despojado de toda prenda porque quiero ofrecerle a todos la más pura y excelsa interpretación musical que hayan escuchado jamás.

FRANK: Lo del enigma no es un chiste, amigo. Deberías intentarlo con tu novia.

ERICK: ¿Con mi novia o con mi amiga?

FRANK: ¿Y cuál es la diferencia?

ERICK: Si te acuestas con ambas, ninguna.

FRANK: ¿Y si no lo hago?

ERICK: Todo sigue siendo igual, caballero.

FRANK: Entiendo. Pero volviendo al tema, por favor confirma si vas a venir o no a mi fiesta de graduación. Requiero la lista del número de invitados para esta misma noche.

ERICK: Pues réstale un número a tu lista y asunto arreglado. No sé por qué me quedé aquí hablando tanto tiempo contigo, si a esta hora de la noche mis amigos ya me están sirviendo mi noveno tequila, mientras gritan a todo pulmón que interprete el último capricho.

FRANK: Es una lástima que no quieras asistir al evento, pero está bien, respeto tu decisión. Aquí tienes.

ERICK: Y todo ese dinero para qué.

FRANK: La misma cantidad que tenía destinada para comprar tu traje, zapatos, corte de pelo y demás. Así, si cambias de parecer, te vas a la tienda y luego te diriges a mi casa. No te preocupes si llegas tarde.

ERICK: Ya deja de alucinar, amigo, mi decisión es irrevocable.

FRANK: Ninguna decisión es irrevocable, estimado amigo; claro, siempre y cuando no se trate de un necio.

ERICK: Lamento decírtelo, pero estás hablando con un necio, por si tenías alguna duda. Toma tu dinero, no quiero que me lleven a prisión por esto.

FRANK: ¿Por qué irías tú a prisión?

ERICK: Ningún violinista de la calle se gana dos mil dólares en una tarde, muchacho; de hecho, ni en toda su penosa vida. Agradezco que te muestres tan benévolo conmigo, pero no puedo tomar ese dinero.

FRANK: Toma estos quinientos.

ERICK: Los tomaré, no para mí, sino para cooperar con una amiga que la van a operar.

FRANK: El destino que tú quieras darle a ese dinero no me importa en absoluto. Me preocuparía sobremanera si el enfermo fuera mi amigo.

ERICK: Los miserables como yo tenemos la buena suerte de no enfermarnos.

FRANK: *La mala suerte,* querrás decir. Eso mismo le dijo un tío a mi padre pocos días antes de que aquél feneciera.

ERICK: Es que no todos tenemos la misma suerte. A veces te enfermas y te mueres, y en otras ocasiones, te mueres sin estar enfermo. ¿Cuál de las dos eliges tú?

FRANK: Creo que hay muchos enfermos en los hospitales que no quieren morirse. Bueno, por eso algunos están en los hospitales y no en sus casas.

ERICK: Los hay que se suicidan antes. Yo con una enfermedad terminal no lo pensaría tanto.

FRANK: ¿Y cuál es el caso de tu amiga?

ERICK: La pobre desdichada tiene cáncer de pulmón.

FRANK: No quiero ser pesimista, pero dudo que sobreviva a la operación.

ERICK: Ella cree que sí va a subsistir. Hace unos días traté de explicarle que el suicidio era su única opción. Creo que no me escuchó.

FRANK: O tal vez está meditando al respecto.

ERICK: En tales casos lo mejor es prescindir de toda meditación posible. Te suicidas y ya. Porque todo aquel que comenzó a meditar antes de suicidarse, hasta la fecha, sigue meditando.

FRANK: ¿Seguro que no estás exagerando cuando empleas el cuantificador universal *todo*? Sé de un joven pintor que un día se dirigió a la armería a comprar un revólver con la intención de suicidarse, y terminó haciendo algo extraño.

ERICK: No se suicidó.

FRANK: Si no se hubiese suicidado, qué tendría de extraño lo que acabo de decirte.

ERICK: Se suicidó, pero no con el revólver que compró en la tienda de armas.

FRANK: Exactamente. Ahora te diré cómo sucedió: resulta que este chico se encontraba en su casa pintando un cuadro en el cual figuraba un revólver. Esta obra se trata de un encargo que un viejo coleccionista de armas le solicitó al joven pintor, pero éste, insatisfecho con su trabajo, acudió a comprar el arma de fuego con el fin de suicidarse si su cuadro no se asemejaba en un cien por ciento al nuevo objeto que ahora tenía en sus manos.

ERICK: Y luego qué.

FRANK: El arma de fuego resultó ser idéntica al revólver que el efebo artista dibujó en aquel pequeño lienzo.

ERICK: Así que el talentoso retratista se equivocó.

FRANK: Y al no tolerar su yerro, tomó una soga y se ahorcó.

ERICK: ¿No era más fácil tomar el maldito revólver y dispararse en la cabeza de una vez?

FRANK: No, porque él se suicidaría con tal objeto sí y solo sí no encontraba similitud entre una cosa y la otra; al percatarse de que sí la había, el arma perdió entonces su finalidad.

ERICK: Sí que es una historia interesante, y muy escalofriante; aun así, esto no justifica lo que dijiste hace un momento respecto de aquellos que meditan antes de suicidarse.

FRANK: Habría que esperar qué pasa con tu amiga.

ERICK: Ella va a morir, de eso no hay duda.

FRANK: Es tu amiga.

ERICK: Tengo otras amigas.

FRANK: Pues yo no puedo decir lo mismo. Después de Margot no conozco a otra.

ERICK: Ambos sabemos que estás mintiendo.

FRANK: Puedes verme en la universidad conversando con algunas compañeras, pero amigas… solo ella, la joven soprano.

ERICK: Deberías acompañarme a la taberna un día de estos, así ya no dirás que solo tienes una amiga. Aunque no lo creas, déjame decirte que hay chicas hermosas en esas sórdidas tabernas que yo frecuento casi a diario; mucho más hermosas que tu supuesta amiga.

FRANK: La belleza de Margot no tiene parangón con ninguna fémina. A veces creo que es una diosa con apariencia de mujer.

ERICK: Al contrario de tu amada soprano, mis amigas son mujeres con apariencia de diosas.

FRANK: ¿Apariencia de diosas?

ERICK: Así es, caballero. Ahí te encontrarás a Gea, Afrodita, Hera, Artemisa, Atenea, Deméter y Hestia.

FRANK: ¿De dónde sacaron ellas esos nombres?

ERICK: De una revista que sabrá Dios cómo llegó a esa cantina.

FRANK: Me imagino que casi todas se hacen llamar afroditas.

ERICK: Aun prescindiendo de tales nominaciones, te diré que todas son hermosas, tanto las afroditas como las geas, son bellísimas ellas.

FRANK: ¿Qué hay de tu amiga que tiene cáncer de pulmón?

ERICK: A pesar de su belleza inefable, se hace llamar Artemisa, asegura que es virgen.

FRANK: ¿Y tú la secundas?

ERICK: Yo jamás me acosté con ella, así que no la puedo juzgar.

FRANK: Increíble, una meretriz virgen.

ERICK: Igual que tu amiga soprano.

FRANK: Margot no es una meretriz, y nunca lo será.

ERICK: Como que la quieres demasiado. Ya cásate con ella.

FRANK: Si me caso con tu hermana sospecho que perderé tu amistad.

ERICK: No creo que volvamos a vernos después de hoy.

FRANK: No veo que tengas suficientes motivos para suicidarte esta noche.

ERICK: El día que le hablé a mi amiga Artemisa sobre lo de suicidarse, recuerdo que me respondió con estas tres palabras: *Después de ti*. Hay una ética que nos dice que debemos predicar con el ejemplo, ¿cierto?

FRANK: También hay una ética que dice lo contrario.

ERICK: ¿Cuál es la mejor elección?

FRANK: La que esté más arraigada a la 'idea de bien'.

ERICK: Un padre que lee mucho, querrá que su hijo sea también un gran lector; un padre asesino, no siempre pensará lo mismo.

FRANK: Un joven lector podría ser hijo de un asesino.

ERICK: Y viceversa.

FRANK: Completamente. También hay asesinos que son lectores apasionados.

ERICK: Este es el padre que quiere que su hijo lea libros, pero sin asesinar a nadie.

FRANK: Esto es, quiere que emule solo una parte de él.

ERICK: Esa que supuestamente está orientada a hacer el bien.

FRANK: *El bien por excelencia*.

ERICK: Al que nunca llegamos.

FRANK: Es difícil llegar a Dios, amigo.

ERICK: Por no decir que es casi imposible.

FRANK: Entonces, ¿leer es bueno o es malo?

ERICK: *Hay libros buenos y libros malos*, caballero.

FRANK: Llegaste al meollo del asunto, hermano, pero tengo que irme ahora; si no te suicidas esta noche, terminaremos esta conversación, te lo prometo.

ERICK: Te estaremos esperando, Frank.

EL INFANTE Y EL VIEJO

EL VIEJO: ¿Hacia dónde te diriges, jovencito? Es tarde y a ese paso que vas no creo que puedas llegar muy lejos antes de que llegue la noche. A esa velocidad y en esa dirección, dudo que encuentres una casa en tres meses.

EL INFANTE: No busco una casa, y no voy a exigirle más velocidad a mi pobre camello que me viene cargando desde hace un mes.

EL VIEJO: Entonces dime qué es lo que estás buscando, tal vez pueda ayudarte a encontrar lo que buscas. No ha pasado un niño por aquí en años, amiguito, juraría que eres el primero que viene por acá.

EL INFANTE: ¿Crees que me falte mucho para llegar al cielo?

EL VIEJO: Nadie llega al cielo, pequeño. Ya veo que no eres tan inteligente como pensé en un principio. ¿Quién fue el cretino que te dijo semejante disparate?

EL INFANTE: Nadie me lo dijo. Mi padre murió un mes antes de que yo naciera.

EL VIEJO: ¿O sea que buscas a tu padre? Pero si sabes que él murió, ¿cómo demonios crees que lo encontrarás? Te engañaron, amigo, alguien hoy se está riendo de ti. Los muertos no están en el cielo, pequeño. ¿Para qué necesitaría Dios a un muerto?

EN INFANTE: Un muerto no, pero un alma sí. Mi padre era bueno.

EL VIEJO: Yo soy bueno, y mírame dónde estoy. Y qué puede saber un infante acerca del alma.

EL INFANTE: El amor, el bien, la sabiduría, la bondad, la solidaridad, entre otros, son frutos del alma. ¿Posees tú al menos uno de estos que acabo de mencionar?

EL VIEJO: ¿Quién te dijo eso, niño? Qué me dices acerca de la envidia, el odio, el rencor, la traición… ¿acaso no son estos frutos del alma?

EL INFANTE: De ninguna manera, los antivalores no son frutos del alma. Una vez leí una carta que alguien le envió a mi madre, y al final de la misiva estaba escrita la siguiente frase: «El silencio es el sol que madura los frutos del alma».

EL VIEJO: ¿Y sabes tú quién es el autor de dicha sentencia?

EL INFANTE: Eso no estaba escrito en la carta, y mi madre tampoco tenía idea al respecto.

EL VIEJO: Maurice Maeterlinck, amiguito, uno de mis dramaturgos favoritos. ¿Y qué hay de tu alma: está llena de valores o antivalores?

EL INFANTE: Ya te lo dije, ningún alma en el mundo posee antivalores, y si es así, no es un alma.

EL VIEJO: O podría ser un alma perdida.

EL INFANTE: ¿Y dónde están las almas perdidas?

EL VIEJO: En ninguna parte, están perdidas.

EL INFANTE: Alguien podría encontrarlas, entonces ya no podrás decir lo mismo.

EL VIEJO: ¿Quién se interesaría por un alma perdida? Aunque parece que tú sí.

EL INFANTE: La que yo persigo no es un alma perdida, si así fuese, no estaría aquí discutiendo contigo.

EL VIEJO: De acuerdo, buscas el alma de tu padre.

EL INFANTE: Y no renunciaré hasta encontrarla.

EL VIEJO: Perderás la tuya en el intento.

EL INFANTE: Estoy dispuesto a todo.

EL VIEJO: Te ves famélico, ven conmigo, creo que tengo algo de comida para ti.

EL INFANTE: ¿Y qué hay de mi camello?

EL VIEJO: Yo también tengo un camello.

EL INFANTE: Está bien, cenaré contigo y luego continúo mi peregrinaje.

EL VIEJO: Se avecina una gran tormenta; será mejor que te quedes en mi casa esta noche.

EL INFANTE: ¿Y crees que me detendría por una grata tormenta? Me fascina viajar bajo la lluvia.

EL VIEJO: ¿Cómo se le ocurrió a tu madre dejarte salir de casa?

EL INFANTE: Ella jamás me lo hubiese permitido.

EL VIEJO: ¿Qué estás diciendo, niño?

EL INFANTE: Que tal vez pueda convertirme, al igual que tú, en un alma perdida.

EL VIEJO: Me temo que ya somos dos almas perdidas.

EL INFANTE: ¿Dos almas perdidas?

EL VIEJO: ¿Yo te encontré a ti o tú me encontraste a mí?

EL INFANTE: Yo solo pasaba por aquí, y no me interesa un alma perdida, busco el alma virtuosa de mi padre.

EL VIEJO: Si es cierto que todas las almas virtuosas están en el cielo, no te será nada fácil encontrarla.

EL INFANTE: ¿Crees que haya demasiadas almas en el cielo?

EL VIEJO: Como estrellas hay en el firmamento.

EL INFANTE: Y todas refulgiendo, ¿cómo identifico la que busco?

EL VIEJO: ¿Buscas una estrella o el alma de tu padre?

EL INFANTE: Tú sabes bien cuál es el objeto de mi peregrinaje.

EL VIEJO: La muerte.

EL INFANTE: Que esté dispuesto a morir no implica que la muerte sea por ello el objetivo de mi viaje.

EL VIEJO: ¿Y cómo sabes que no te están engañando?

EL INFANTE: ¿Qué dices?

EL VIEJO: Que tal vez tu padre no ha muerto aún.

EL INFANTE: Ningún padre se va de la casa un mes antes del nacimiento de su primogénito.

EL VIEJO: Una emergencia, quizá.

EL INFANTE: O simplemente decidió abandonarme.

EL VIEJO: ¿Qué fue exactamente lo que te dijo tu madre?

EL INFANTE: Su versión es esta: «Hijo, tu padre murió de un infarto, unas semanas antes de tu nacimiento».

EL VIEJO: Y el párvulo le creyó.

EL INFANTE: ¿Cómo podría yo dudar de ella?

EL VIEJO: Tus pocos años no justifican tu ingenuidad. ¿Tu mamá se volvió a casar después de la muerte de tu papá?

EL INFANTE: Cuatro veces.

EL VIEJO (riendo irónicamente): No está mal un poco de humor a esta hora de la noche.

EL INFANTE: ¿Acaso ves que me estoy riendo?

EL VIEJO: ¿Cómo una mujer puede casarse cuatro veces en tan poco tiempo?

EL INFANTE: Dos semanas antes de que yo dejara la casa, se divorció de su último marido.

EL VIEJO: Así que lo más probable es que ella tenga ya un nuevo esposo.

EL INFANTE: Naturalmente.

EL VIEJO: Debes tener muchos hermanos, ¿cierto?

EL INFANTE: Soy hijo único.

EL VIEJO: Imposible.

EL INFANTE: Creo que ese es el motivo principal por el cual mi madre se divorcia cada dos años.

EL VIEJO: ¿Por qué no quiere ella que tengas otro hermano?

EL INFANTE: Tal vez tenga miedo.

EL VIEJO: ¿Miedo de qué?

EL INFANTE: De que yo le haga daño.

EL VIEJO: ¿Acaso no quieres tener un hermano?

EL INFANTE: Un hermano sí, pero no un medio hermano.

EL VIEJO: Suponiendo que tu padre no ha muerto aún, ¿estarías de acuerdo en que él se vuelva a juntar con tu madre?

EL INFANTE: No, más bien creo que ella lo asesinó, y eso del infarto no fue más que un artificio.

EL VIEJO: ¿Y cómo sabes todo eso que acabas de contarme?

EL INFANTE: No eres el primero que me encuentro en mi peregrinaje, amigo.

EL VIEJO: Siendo así, creo que debes cambiar de planes.

EL INFANTE: No lo había considerado, pero tal parece que tienes razón. Dejaré el alma de mi padre por un momento.

EL VIEJO: Llegó la hora de comenzar a buscar a tu verdadera madre, amiguito.

EL INFANTE: Después de tanto tiempo tal vez ni me reconozca.

EL VIEJO: Es imposible que una madre no reconozca a su hijo, no importa cuántos años este se haya distanciado de ella, o viceversa.

EL INFANTE: ¿Y si ya feneció al igual que mi padre?

EL VIEJO: No seas pesimista, ten la esperanza y la fe de que ella aún respira. Seguro la encontrarás mucho antes de que ella te encuentre a ti.

EL INFANTE: No creo que esté buscándome.

EL VIEJO: Por supuesto que sí.

EL INFANTE: ¿Y tú cómo lo sabes?

EL VIEJO: Lo hacen por instinto, hijo.

EL INFANTE: ¿Cómo es posible que no me haya encontrado en ocho años? ¿Qué me dices tú de esas madres que abandonan a sus hijos? Qué tal si yo soy uno de ellos.

EL VIEJO: Solo tú decides si continuas o no. La verdad, no tengo nada que objetar al respecto. Hablas con fundamento. Y aunque me parte el alma decírtelo, creo que sí, tu madre te abandonó. Pero no te abrumes por eso, hermanito, ¡mírame a mí! Primero me abandonó mi madre, luego mi abuela, y hace más de una década fui abandonado por mi esposa y mis hijos.

EL INFANTE: ¿Te abandonaron tres veces? Tú sí que tienes corazón, viejo.

EL VIEJO: Y aunque no lo creas, yo jamás los maldije.

EL INFANTE: ¿Alguna vez pensaste en suicidarte?

EL VIEJO: Soy tan feliz que me resultaría imposible llegar a tan funesto estado de demencia. Ni siquiera lo imagino.

EL INFANTE: Tú no tienes a nadie en este mundo, así que a nadie le importaría tu muerte.

EL VIEJO (alzando la vista hacia el firmamento): ¿Y qué me dices de esa luna resplandeciente?

EL INFANTE: En mi vida vi nada más hermoso. ¿Y qué pasa esas noches cuando no se deja ver?

EL VIEJO: Entonces la escucho.

EL INFANTE: ¿Y qué te dice?

EL VIEJO: «Lo siento, amigo, hay otros abandonados que también me necesitan, pero no te aflijas, volveré por ti; volveré más hermosa, te lo prometo».

EL INFANTE: ¿En serio eso te dice?

EL VIEJO: Ni un vocablo más ni un vocablo menos.

EL INFANTE: ¿Y nunca se ha mofado de ti?

EL VIEJO: Jamás. Siempre que desaparece, regresa más hermosa. Quédate unas semanas y la verás tú mismo.

EL INFANTE: Me quede o no, a partir de ahora le daré total prioridad a esa cosa que denominan *contemplación*.

EL VIEJO: Vale la pena, chico, te juro que lo vale.

EL INFANTE: Ya me di cuenta, viejo. ¿Llevas mucho tiempo viviendo aquí?

EL VIEJO: Es una larga historia.

EL INFANTE: Y fascinante me imagino.

EL VIEJO: Digamos que estoy aquí por accidente.

EL INFANTE: Al igual que yo.

EL VIEJO: A mí me aceptaron aquí como peón, después de que me quitaron todo lo que tenía, excepto mi pequeña colección de libros.

EL INFANTE: ¿Lees libros o solo eres coleccionista?

EL VIEJO: Soy un gran lector.

EL INFANTE: ¿Comprendes todos los libros que lees?

EL VIEJO: Hay obras que solo se pueden citar.

EL INFANTE: Como algunas obras de Heidegger, por ejemplo.

EL VIEJO (desconcertado): Pero… ¿qué puede saber un párvulo como tú del autor de *Ser y Tiempo*?

EL INFANTE: Ni párvulos ni adultos, mi buen señor; lo que sí sé es de una cantina denominada **DASEIN**.

EL VIEJO: ¿Sabes algo más de esa cantina?

EL INFANTE: No te dejan entrar si desconoces el **DASEIN**.

EL VIEJO: ¿O sea que todos beben afuera?

EL INFANTE: Algunos logran adivinar.

EL VIEJO: ¿Y qué hay de los que yerran?

EL INFANTE: Nadie se queda afuera.

EL VIEJO: No entiendo…

EL INFANTE: Digo que justo enfrente del **DASEIN** hay otra cantina, y aunque no tiene un nombre tan peculiar como esta, en aquella a nadie dejan afuera.

EL VIEJO: ¿Y cómo se denomina?

EL INFANTE: **NOÚMENOS Y FENÓMENOS**.

EL VIEJO: ¡Vaya cosa increíble!: la taberna de Kant repleta de filósofos dipsómanos que fueron rechazados en la cantina de Heidegger.

EL INFANTE: También está la del **ETERNO RETORNO**, pero dicen que en esta solo entran los locos.

EL VIEJO: Quiero conocer esas tres cantinas ahora mismo, ¿me acompañas?

EL INFANTE: Soy demasiado pequeño, no creo que me dejen entrar.

EL VIEJO: Diré que eres mi hijo.

EL INFANTE: Perfecto.

EL VIEJO: Si gustas, podemos partir esta misma noche.

EL INFANTE: Entonces ve por tu camello y larguémonos de aquí.

LA MAESTRA DE HERBERT

ALMA: ¿Hasta cuándo vas a entender que tienes que saludar antes de entrar al salón de clases? Todos saludan, menos tú. Hablaré con tus padres: les diré todo sobre tu pésimo comportamiento y también les haré saber que tienen un hijo irreverente que nunca trabaja en equipo.

HERBERT: Debería agradecerme por haber venido.

ALMA: Si no vienes a la escuela, crecerás siendo un niño necio, bergante, inmoral… serás la deshonra de tus padres.

HERBERT: No siempre es así. Hay muchos padres que son vergüenza para sus hijos.

ALMA: Tu maestra sabe que ese no es tu caso.

HERBERT: Se equivoca usted, señorita, mis padres compran libros que nunca leen, mas cuando los corrijo por su manera de hablar, se enfadan conmigo.

ALMA: ¿O sea que tú si lees todos esos libros?

HERBERT: Una de las muchas razones por la que a veces suelo faltar a sus clases o llegar tarde.

ALMA: Tienes toda la tarde para que realices tus lecturas u otras tareas personales.

HERBERT: ¿Y las no personales?

ALMA: Las asignaciones de la escuela deben ser tu principal prioridad.

HERBERT: Me temo que nunca lo serán. No tiene caso venir a la escuela para que te asignen tareas que no corresponden en absoluto con las tareas que tus padres te asignan en la casa. Fuese estupendo que las tareas de la casa correspondiesen de alguna manera con las de escuela, pero nunca acaece así, qué injusticia la que cometen ustedes con esas inocentes criaturas.

ALMA: Eso que acabas de decir no es más que una inocente aberración de tu parte, jovencito. Darle de comer al perro, regar las plantas, limpiar las celosías, entre otras actividades que un infante puede desempeñar en casa, jamás corresponderán con las tareas de la escuela.

HERBERT: No me refiero a esas.

ALMA: ¡Ah, no!

HERBERT: ¿Qué me dice de los estudiantes extraordinarios que llegamos a casa a pintar un cuadro, escribir un poema, meditar un proverbio místico o, interpretar una sonata clásica?

ALMA: ¡Vaya genio el que tengo aquí! ¿Y qué pasó con las tareas que yo te referí?

HERBERT: Corresponden solamente a estudiantes ordinarios.

ALMA: ¡Ah, sí! ¿Cuándo me traerás uno de tus cuadros para colgarlo en alguna de las paredes de este pequeño salón?

HERBERT: No creo que le guste el Surrealismo. Tampoco regalaría uno de mis cuadros para adornar las paredes de un salón de clases; eso es profanar el arte, el verdadero arte. Si quiere acicalar este recinto, exhorte a sus alumnos a pintar ahora mismo. Sabe que mis divinas creaciones surrealistas solo serán expuestas en galerías de arte de primer nivel, en donde hoy se conservan las más teofánicas obras pictóricas de todos los periodos y estilos surgidos a lo largo de la historia.

ALMA: Niño pretencioso.

HERBERT: Talentoso, querida.

ALMA: Tengo muchas pinturas en mi casa, jovencito; algunas las compré. No te lo estoy pidiendo, te lo pagaré, siempre y cuando sea algo digno de colgar en una pared. Me fascina *El surrealismo gótico* de Beksínski, ¿lo conoces?

HERBERT: ¡Cómo no conocer a este insigne maestro! También conservo algunas de sus mejores obras.

ALMA: Aunque no tan grandiosas como las tuyas, supongo.

HERBERT: Si no es porque en mis cuadros lo sacro reemplaza lo gótico, le sería imposible a usted distinguir mis cuadros de los del pintor polaco.

ALMA: Veo que tienes talento, niño. Ya quiero conocer tu taller de pintura y toda tu creación surrealista.

HERBERT: A pesar de todo, mis padres valoran mucho mi talento. Hablaré con ellos esta misma noche, pues nunca he llevado a nadie a mi casa.

ALMA: ¿Acaso no tienes amigos? Supongo que por eso no le negarán la entrada a tu distinguida preceptora.

HERBERT: Solo tengo una amiga, y obviamente no es usted. Esperemos la respuesta de mis padres, tal vez no la decepcione; mientras tanto no le aseguro nada.

ALMA: Me fascina que me lo digas, porque no quiero ser tu amiga, es muy poco para mí. Tus padres dirán que sí.

HERBERT: No sé qué dirán ellos, lo que sí sé es que usted nunca será más que mi profesora.

ALMA: Aquí soy tu maestra, jovencito. Pienso encargarte un cuadro.

HERBERT: ¿En serio quiere que yo pinte algo para usted?

ALMA: No quiero que pintes para mí, deseo que me retrates a mí. Por cierto, nunca me dijiste el nombre de tu amiga.

HERBERT: ¿Cómo puedo retratarla a usted si no la miro más que aquí en la escuela? Mi mejor amiga se llama Felicidad, pero nunca viene conmigo a clases.

ALMA: Pues me llevas a tu taller de pintura y de paso me la presentas a ella.

HERBERT: Olvide lo de mi amiga. ¿Cómo quiere que la retrate?

ALMA: Quiero algo así como *La maja desnuda* de Goya; más ese matiz sacro que tú le darás, creo que será una obra fenomenal.

HERBERT: Tiene que estar bromeando.

ALMA: ¿Acaso no tienes una cama o un diván en tu taller de pintura?

HERBERT: Me parece mejor asemejar su retrato a *La maja vestida*.

ALMA: De ninguna manera, mi querido Herbert. Todo artista sabe o debería saber que *el vestuario le quita pureza a la obra*.

HERBERT: En mi vida he pintado nada igual.

ALMA: Creo que tienes miedo; seguro nunca has visto una mujer desnuda.

HERBERT: No será necesario que se desnude.

ALMA: Quiero una obra perfecta, joven pintor. ¿Por qué no quieres verme desnuda? ¡Acaso no soy hermosa!

HERBERT: La más hermosa de la escuela. Usted entienda que es una pintura, no una fotografía.

ALMA: No me importa si tardas cinco meses en concluir mi obra, yo iré todas las tardes a desnudarme en tu taller hasta que termines mi encargo.

HERBERT: Tengo una memoria fotográfica, suficiente que se desnude una vez.

ALMA: Eso solo si fueses a terminar mi obra en un día, pero ambos sabemos que no será así; si no lo sabías, yo ejercito mi cuerpo a diario, por lo que, dentro de un mes, me temo que la esbelta figura de tu maestra ya no será igual. Todos estos cambios físicos (también los metafísicos) quiero verlos reflejados en el cuadro. ¿Quieres comenzar hoy?

HERBERT: La verdad, no creo que pueda hacerlo. Mejor busque a otro pintor.

ALMA: Ni lo sueñes.

HERBERT: ¿Y su marido no pinta?

ALMA: Estoy soltera, niño, y jamás me he desnudado ante un hombre.

HERBERT: Entiendo por qué se conserva tan bella.

ALMA: Me agrada que me lo digas. ¿Quieres ser mi marido, joven pintor?

HERBERT: Primero que era el peor alumno de su clase y ahora que quiere ser mi mujer.

ALMA: Y tú dijiste que yo nunca sería más que tu maestra.

HERBERT: Y aún lo sostengo.

ALMA: Creo que eres demasiado pequeño aún, por eso no comprendes nada de lo que te digo; bueno, o casi nada.

HERBERT: Seré su amante solo con una condición.

ALMA: Te escucho, mi querido pintor.

HERBERT: Que me permita llegar tarde a clases al menos tres días de la semana.

ALMA: ¿Y los otros dos días restantes sí te presentarás a primera hora?

HERBERT: No, de esos requiero para quedarme trabajando en casa.

ALMA: Pensándolo bien, lo mejor es que renuncie.

HERBERT: ¿Ya no quiere el retrato?

ALMA: Porque lo deseo más que cualquier cosa, renunciaré a mi cargo de profesora.

HERBERT: ¿Cuántos años lleva ejerciendo la docencia en esta escuela?

ALMA: Casi veinte.

HERBERT: ¡Tanto tiempo! Imposible. ¡¿Cuántos años tiene usted?!

ALMA: ¿Cuántos crees tú?

HERBERT: Con ese rostro angelical, no creo que supere los veinte.

ALMA: Espero no desanimarte, mi amado serafín, pero tu distinguida profesora tiene cuarenta años.

HERBERT: Desilusionarme ahora es imposible, aunque tuviera cuarenta años.

ALMA: ¿En serio no me crees? Mira mi tarjeta de identidad.

HERBERT: ¡Increíble!

ALMA: ¿Ahora comprendes por qué no quiero seguir ejerciendo la docencia?

HERBERT: Claro, yo tampoco quiero volver a la escuela.

ALMA: Si gustas, desde hoy puedes venirte conmigo a mi casa.

HERBERT: Yo encantado, pero hay un problema: ¿qué hay de mi taller de pintura, el piano y mis libros?

ALMA: Si no lo sabías, tu maestra también se dedica a la pintura, toco el piano y al igual que tú me fascina la lectura.

HERBERT: ¿Tiene un taller de pintura en su casa?

ALMA: El mejor que hayas visto jamás.

HERBERT: ¿Ha pintado algún cuadro?

ALMA: Muchísimos.

HERBERT: ¿Y qué hace con ellos?

ALMA: Algunos los vendo por internet.

HERBERT: Supongo que tiene muchos fanáticos en el mundo.

ALMA: Sí, este año me han solicitado algunos encargos.

HERBERT: Pero como que nunca quiso acicalar el salón de clases con una sola de sus obras surrealistas.

ALMA: Tú lo dijiste hace un momento: *Las grandes galerías*. La pintura también exige correspondencia.

HERBERT: ¿Y por qué no renunció antes a la docencia?

ALMA: Porque no quería irme sola; ahora lo tengo todo.

HERBERT: ¿Qué es todo?

ALMA: Tu amiga.

HERBERT: Sí que lo es.

ALMA: Y como ya es mi amiga, no tengo nada más qué esperar. Mi jornada laboral terminó, y es viernes. ¿Te vienes conmigo a casa?

HERBERT: Yo encantado, Alma de mi alma. Y qué le dirá a la gente que le pregunte por mí.

ALMA: ¿Qué quieres tú que le diga?

HERBERT: Que solo una diosa puede adoptar a un ángel.

ALMA: Mejor respuesta es imposible. ¿Y qué hay de tus padres?

HERBERT: Mis padres no vendrán en un mes.

ALMA: Genial, toma tus cosas y vámonos de aquí, tenemos mucho trabajo que hacer.

HERBERT: Espero no equivocarme.

ALMA: Un ser celestial nunca se equivoca.

HERBERT: Espero diga lo mismo cuando mire su retrato.

ALMA: Será una obra perfecta, al igual que divina.

HERBERT: Ella será Alma… Mi Alma.

ALMA: Lo que siempre quise ser, el Alma de un Ángel.

'LA NOVIA' DEL JINETE NOCTURNO

CELESTE: Espero que esta sea la última vez que me visitas de noche. Si mis padres se enteran de que yo estoy despierta a esta hora de la noche hablando contigo, me matan.

EL JINETE: Tranquila, ellos están dormidos al igual que tus hermanas. Por favor, no te sulfures por mis visitas nocturnas, tú sabes bien que trabajo todo el día. Lo estuve meditando por mucho tiempo, y llegué a la conclusión de que lo más sensato para ambos es que tú te vengas conmigo esta misma noche.

CELESTE: No hables incoherencias. Mis padres no te conocen. Nadie te conoce en este pueblo. Además, recién cumplí los quince y me siento muy bien en casa. En cuanto no te presentes con ellos, les digas tu nombre, domicilio y a qué te dedicas, no me verás salir de esta casa, jamás.

EL JINETE: Tengo la mansión más ostentosa del pueblo; un palacio que tú solo has visto en películas. No existe mejor lugar para ti que ese edificio que yo he construido. En sus paredes cuelgan cuadros de todos los períodos y estilos, desde el Renacimiento hasta el Surrealismo; en la entrada principal, planté un hermoso jardín con flores y rosas que alternan su color cada minuto; en la sala, hay un piano de cola de primerísima calidad; verás también una biblioteca con la mejor filosofía y literatura de todos los tiempos, entre otros que ya olvidé. ¿Acaso quieres que sea otra la dueña de todo esto?

CELESTE: Es desafiante lo que prometes, ¿cómo sé que no se trata de una artimaña? Siempre soñé con tocar un piano de cola, mejor no me hago ilusiones.

EL JINETE: Vente conmigo ahora, y si no ves todo eso que acabo de decirte que tengo para ti, me acribillas inmediatamente y te regresas en mi caballo. Si crees que te miento, toma mi revólver y guárdalo en tu bolso.

CELESTE: Déjame tu arma. Aunque no me vaya contigo esta noche, quiero percatarme de que no me estás engañando con algún juguete cuya apariencia de revólver asusta a cualquiera. Bien, antes que todo, déjame hablar con mis padres al respecto.

EL JINETE: ¿Qué es lo que les dirás?

CELESTE: Que estoy comprometida con un hombre de alta alcurnia a quien conocerán muy pronto. Eso les diré.

EL JINETE: Mejor redacta una carta en donde les hagas saber todo sobre lo nuestro, incluso puedes escribir la dirección exacta del que será ahora tu nuevo hogar.

CELESTE: Ni lo sueñes, Aníbal. No escribiré una misiva a mis padres mientras no te hayas presentado ante ellos. En mi hogar promovemos el civismo y los buenos modales, ¿cómo crees que me largaría contigo sin el consentimiento de mis progenitores?

ANÍBAL: Apenas tienes quince. Si comparezco con tus padres no autorizarán nuestra boda sino en seis años.

CELESTE: Si ellos consienten conmigo, quizá yo pueda visitarte a tu mansión los fines de semana.

ANÍBAL: No quiero tener una invitada en mi casa.

CELESTE: No seré tu invitada, sino tu prometida.

ANÍBAL: Yo no quiero ni invitadas ni prometidas en mi casa, de ser así, ahora me encontraría durmiendo en mi confortable recámara, pero no, heme aquí, recibiendo esta gélida llovizna frente a una chica que por temor al *qué dirán* está a punto de renunciar a la gloria.

CELESTE: No entiendo el porqué de tu premura, si apenas tienes veinte. Dame tiempo, y entonces te encontrarás navegando en el mar de la eterna felicidad. Si te esperas por mí, conocerás el amor que ningún hombre ha imaginado en toda su miserable vida.

ANÍBAL: Posees una belleza y un glamur incomparables, empero, esto no es suficiente para que te espere por más de un lustro. De la espera solo infiero pérdida. Si antes de salir de mi casa (que ya estaba lloviendo), me hubiese sentado a esperar que cesara la lluvia, creo que no estaría aquí conversando contigo. Sé que la mayoría de los matrimonios hoy son un fracaso, sin embargo, hubo compromisos matrimoniales que por x o y razones no se consumaron, pero, de todas formas, habrían sido un éxito.

CELESTE: No conozco caso alguno; supongo que tu sí.

ANÍBAL: En efecto, señorita, pero creo que no tiene sentido traerlo a colación ahora. Parece que la llovizna ya se convirtió en tormenta.

CELESTE: Aquí tengo un paraguas por si lo necesitas.

ANÍBAL: Descuida, traigo chaqueta y sombrero impermeables, aunque me encantaría poder franquear ese balcón.

CELESTE: También deseo lo mismo, mas no es posible aún, no esta noche. ¿Por qué siempre vienes a visitarme jineteando ese caballo?

ANÍBAL: Por si no lo sabías, tengo dos autos, pero en este camino tan cenagoso podría quedarme varado a medio tramo. ¡Ah!, y por cierto, mi corcel vale más que cualquier auto del año.

CELESTE: Yo también quiero tener un caballo grande como el tuyo.

ANÍBAL: Ya lo tienes, solo que aquél no es negro como el que estás viendo ahora; el tuyo es un enorme corcel blanco que todas las muchachas de mi barrio lo quieren montar. Claro, estas chicas nomás quieren sacarse una buena foto montadas en el soberbio equino.

CELESTE: No quiero montarlo para sacarme una foto, sino para recorrer el mundo.

ANÍBAL: Para tal recorrido podrías conducir tu auto.

CELESTE: ¿También tienes un auto para mí?

ANÍBAL: Un automóvil y cientos de cosas más, señorita. Como a unos veinte kilómetros de mi palacio, además de mi cabaña y mi rancho, tengo un enorme zoológico, un museo de arte barroco y una pequeña isla artificial.

CELESTE: ¡Tanto!

ANÍBAL: Quiero tener muchos hijos contigo y ofrecerle a cada uno lo suyo.

CELESTE: Pues yo no deseo tener ni uno solo. Tengo el ejemplo de mi hermana mayor que desde que parió ya no es la misma: ella ha perdido peso, cabello, garbo… su glamur se ha esfumado también, ni siquiera su voz es tan melodiosa como antes. Esa pobre mujer perdió su alma, y al juzgar por su apariencia, pronto perderá su cuerpo.

ANÍBAL: Alguna enfermedad terminal la está consumiendo. Mi abuela, que era una mujer hermosa y elegante, dio a luz no menos de quince hijos, y jamás se vio mudada su belleza.

CELESTE: Según los médicos que la han tratado, ella no tiene ninguna enfermedad. Me temo que *El arte de dar a luz* no es común en todas las mujeres.

ANÍBAL: ¿Y qué me dices de tus dos hermanas?

CELESTE: Esas chicas no hablan sino de un convento de monjas. Desde el natalicio de Samir (nuestro sobrino), se vieron obligadas a reorientar sus vidas, y, la verdad, no las culpo, ambas presenciaron el aciago nacimiento de este niño.

ANÍBAL: ¿Y cuál fue la desgracia que sufrieron ellas ese día?

CELESTE: Samir comenzó a respirar cuatro horas después de su nacimiento, y mi hermana quedó internada en el hospital, en estado de coma, por tres largos meses; desde entonces, solo ha sido decadencia para ella.

ANÍBAL: ¡Pobre madre! Aun así, esto no justifica que tus dos bellísimas hermanas no casadas quieran terminar en un convento; no sería más que una profanación de la suprema belleza. Si estás de acuerdo, yo puedo hacerme cargo de las tres, tú serías la Reina y ellas las princesas.

CELESTE: No soy ambiciosa, pero si yo soy la Reina de tu mansión, quiero que mis dos chicas lo sean igual que yo. Tal parece que puedes ofrecerle un palacio a cada una, y eso es lo justo, sin embargo, debo aclararte que con ellas tampoco tendrás un heredero.

ANÍBAL: No tengo ningún inconveniente en obsequiarles a tus hermanas lo mismo que a ti, empero, a mi juicio, creo que es paradójico tener tres bellas esposas y con ninguna de estas un heredero. De cualquier modo, me temo que vale la pena correr el riesgo, no tanto por mi felicidad, sino por la libertad de ellas, que vinieron a este mundo para ser reinas, no monjas.

CELESTE: ¿Crees tú que esas hermanitas de los monasterios no son libres?

ANÍBAL: Me temo que no. Ellas conocen la bondad y la alegría, y un poco de amor, pero no la libertad.

CELESTE: ¿Yo estoy alegre o feliz?

ANÍBAL: Deberías estar alegre. En cuanto yo no te desate de tus progenitores es casi imposible que puedas trascender ese estado de alegría.

CELESTE: Durante mi niñez fui muy feliz, luego vinieron las impredecibles peripecias de la vida y mi alma cambió.

ANÍBAL: ¿Y con ella tu felicidad?

CELESTE: Conjeturo que sí.

ANÍBAL: Una vez que abandones esta prisión, que espero sea pronto, no habrá nada ni nadie que pueda interrumpir tus planes.

CELESTE: ¿Y qué hay de mis hermanas? No podemos abandonar la casa (las tres) la misma noche, y tampoco quiero alejarme de ellas.

ANÍBAL: Antes tienes que hablar con ellas sobre mi propuesta.

CELESTE: No va a funcionar, creerán que es una broma, y, yo en sus zapatos, sospecharía lo mismo.

ANÍBAL: ¿Y qué hay de ti?, ¿te vendrás conmigo esta noche, sí o no? De esas dos chicas me encargaré después.

CELESTE: En unas semanas ellas estarán en un monasterio.

ANÍBAL: Tengo una tía, bastante menor que mi madre, que quedó embarazada durante estuvo internada en un convento.

CELESTE: Eso es imposible, diría que es una afrenta irremisible a la dignidad de esa mujer. En mi vida he escuchado hablar de semejante ignominia.

ANÍBAL: Los curas también son humanos, al igual que las monjitas. El día que mi tía ingresó al convento, con ella se incorporaron diez mujeres más; todas ellas se convirtieron en madres. Ese cura sigue embarazando monjas y nadie le dice nada.

CELESTE: ¿Acaso fue un solo sacerdote el que las embarazó a todas?

ANÍBAL: El único del monasterio, y el mismo que tiene más de treinta descendientes suyos en este pueblo.

CELESTE: ¡Tantos hijos!

ANÍBAL: No es descabellado pensar que tú y yo terminemos siendo hermanos. Conociendo a ese maldito libidinoso y sabiendo que tiene más de veinticinco años de fungir como párroco de la única iglesia de este pueblo, todo es posible. En este municipio el 95% de las damas concurre a las misas dominicales.

CELESTE: ¿Y tú nunca fuiste a la misa dominical?

ANÍBAL: Una vez me disfracé de mujer, pero no funcionó, ese lúbrico sacerdote acabó descubriéndome.

CELESTE: ¡Disfraz!

ANÍBAL: ¿Acaso no sabes que ese cura inmoral no permite que entren hombres en su templo?

CELESTE: ¡¿Cómo es posible?!

ANÍBAL: Según él, los pecados de los hombres nunca serán tan brutales como los de las mujeres, por consiguiente, estos no requieren de una misa y tampoco necesitan confesarse.

CELESTE: Yo, de hecho, opino lo contrario. Mi madre nunca quiso que la acompañáramos a la iglesia, y mi padre siempre consintió con ella.

ANÍBAL: Suerte la tuya, porque de no haber sido así, hoy ya fueses una joven madre, y, obviamente, yo no estaría aquí conversando contigo.

CELESTE: Mi madre, que siempre concurrió a las misas dominicales, jamás nos mencionó nada relacionado con el libidinoso párroco, lo que refleja, que tan lujurioso es el monje como las hermanitas que con este se acuestan.

ANÍBAL: Se rumora que el padrecito, ese, no tolera en su templo a mujeres mayores de cuarenta y cinco años, pues según asevera el lúbrico sacerdote, estas hermanitas ya no tienen nada que confesar.

CELESTE: Esto es que después de los nueve lustros nos encontramos libres de pecado. Qué bien si así fuera. Ese cura inmoral debería pudrirse en un manicomio.

ANÍBAL: Es ahí donde han ido a parar algunos de sus detractores.

CELESTE: ¿A qué te refieres cuando empleas el cuantificador existencial *algunos*?

ANÍBAL: Porque no todos tienen la misma suerte. Mi padre, desde un día que salió de la casa con la única intención de asesinar a ese maldito sacerdote, no regresó jamás. Sospecho que ese padrecito terminó siendo más listo que él.

CELESTE: ¿Tu papá también sospechaba que tu madre lo había traicionado con ese libidinoso párroco?

ANÍBAL: Y si es que aún respira, seguro que él sigue creyendo lo mismo.

CELESTE: ¿Y tú qué dices? ¿Crees que tu madre sería capaz de entregarle su cuerpo a ese malnacido?

ANÍBAL: Pues yo no me parezco en nada a mi papá.

CELESTE: ¿Es posible que tú seas hijo de ese lujurioso cura? Es cierto que yo no me parezco a mis hermanas, pero esto no justifica que vaya a increpar a mi madre si aún no sé nada del caso. Ella siempre ha honrado su matrimonio, desde el santo día en que se comprometió con mi honorable padre.

¿Y tú nunca hablaste con tu mamá al respecto?

ANÍBAL: Sí, y esa es la razón por la cual la perdí a ella. Y esto que la cuestioné de manera indirecta. Lo único que le pregunté fue: *¿Madre, después de tu matrimonio, alguna vez pensaste en otro hombre que no fuese mi padre?* Entonces comenzó a recoger algunas de sus pertenencias en cuanto vociferaba toda clase de insultos contra mi persona; luego, se introdujo en su auto y desapareció.

CELESTE: Quizás se sintió aludida.

ANÍBAL: Ese impúdico párroco es mi padre biológico.

CELESTE: ¿Estás seguro de lo que dices?

ANÍBAL: Hace una semana que recibí un correo de mi madre disculpándose conmigo. Me explicó todo de principio a fin. También me explicó cuál es el secreto para reconocer a los hijos del sacerdote.

CELESTE: ¡No me digas!

ANÍBAL: Así es, querida hermanita.

CELESTE: Yo no soy hija de ese demonio.

ANÍBAL: Déjame ver tu espalda por un segundo.

CELESTE: No tengo nada en mi espalda.

ANÍBAL: Me temo que tú también tienes ese enigmático lunar.

CELESTE: ¡Lunar! No digas sandeces. Mira mi espalda, no tengo un maldito lunar.

ANÍBAL: Lo tienes, jovencita. Para que veas que no miento, le tomaré una foto con mi celular. Ahora puedes verlo.

CELESTE: Eso no es un lunar, es una marca que figura un triángulo. ¿Cómo es posible que nadie me lo haya dicho antes?

ANÍBAL: Según me lo explicó mi madre, la marca no se puede distinguir durante el día, solo en la oscuridad. Se supone que simboliza la Santísima Trinidad. Por favor no le comentes nada a tu madre en tanto no hayamos asesinado a ese bastardo y lascivo sacerdote.

CELESTE: Creo que ambos merecen fenecer esta misma noche.

ANÍBAL: No la culpes a ella, ese maldito párroco emplea no sé qué magia para dominar la voluntad de la dama que quiere en su cama; la embaraza, y luego no vuelve a tener contacto con ella.

CELESTE: ¡Magia! El típico comentario de todas las coimas que engañan a sus maridos. Esa fue la excusa que se inventó tu madre para justificar su traición a tu padre y ganarse tu perdón.

ANÍBAL: ¿Y tú crees que yo no lo sé? Si asesino al cura no es por ella, sino para vengar la muerte de mi padre. Si me ayudas con esto, te quedarás con tu palacio y todo lo que te prometí.

CELESTE: ¿Y qué es lo que quieres que haga?

ANÍBAL: Quiero que le arrebates la vida a ese maldito padre. Para consumar dicha misión, debes hacer lo siguiente: buscas un vestido ligeramente corto pero elegante, y con un escote pronunciado. Llevarás una pequeña pero filosa daga oculta en tus medias. Seguro querrá llevarte a su recámara de inmediato. *Una vez que estés en la cama, debes dejar que sea él quien se arroje sobre ti. Antes de que te desnude por completo, sedúcelo hasta que te bese en el cuello, y mientras aprieta tus senos, sacas sigilosamente la daga y se la clavas en la yugular.*

CELESTE: ¿Y si yerro?

ANÍBAL: Voy a envenenar la daga, así podrás asestarla en cualquier parte de su cuerpo. No puedes demorarte más de cinco minutos. Yo te esperaré afuera de la parroquia.

CELESTE: ¿Y si descubren que yo lo asesiné?

ANÍBAL: Tú eres menor de edad, nadie reconocerá tus huellas dactilares.

CELESTE: Y luego, ¿para dónde nos iremos?

ANÍBAL: Tranquilízate, tengo una bonita casa lejos de aquí. Por cierto, creo que el vestido que te regalé para tus quince está genial para llevar a cabo nuestro cometido.

CELESTE: ¿Para cuándo tengo que estar lista?

ANÍBAL: Hoy es viernes. Mañana recojo todas las herramientas requeridas para nuestra gran misión. La misa dominical comienza a las 7:00 a. m. Te espero el domingo a primera hora frente a la cafetería de doña Mercedes. Ensayamos todo, y luego nos dirigimos hacia la parroquia.

CELESTE: De acuerdo, el domingo sin falta, hermano. Estaré en el lugar acordado a las 7:00 a. m.

ANÍBAL: Perfecto. Hasta luego, hermanita.

CELESTE: Hasta pronto, mi querido jinete nocturno.

***

ANÍBAL: Lo siento, no encontraba la Mini Uzi ¿Qué esperas?, sube al auto.

CELESTE: Descuida, yo también acabo de llegar. Lindo auto, hermano.

ANÍBAL: Será tuyo en menos de una hora. ¿No tuviste ningún problema al salir de tu casa?

CELESTE: No, parece que todos estaban dormidos.

ANÍBAL: ¿Estás lista?

CELESTE: Completamente.

ANÍBAL: Entonces, vámonos.

CELESTE: ¿Cuánto crees que dure la misa?

ANÍBAL: No más de una hora y media. Es mejor que llegues tarde.

CELESTE: Tú mandas.

ANÍBAL: Aquí tienes la daga y un par de guantes color de tu piel.

CELESTE: ¿La envenenaste como dijiste?

ANÍBAL: Por eso la metí en esa pequeña vaina, para que la escondas en tus medias.

CELESTE: ¿Así está bien?

ANÍBAL: Intenta sacarla de tus medias, pero sin la vaina.

CELESTE: ¡Mira! Sencillo.

***

ANÍBAL: Hemos llegado. Te esperaré del otro lado de la parroquia.

CELESTE: ¿Quieres que entre a la iglesia ahora mismo?

ANÍBAL: Muestra mucha serenidad. Por favor no falles.

CELESTE: Descuida, te prometo que todo será un éxito.

ANÍBAL: Entra ahora, parece que la santa misa está por terminar.

CELESTE: Te veo luego.

ANÍBAL: Así será.

***

ANÍBAL (bajando del auto con la Mini Uzi en su diestra, se dirige a la entrada del cuarto parroquial donde se encuentran Celeste y el cura, en cuanto se dice a sí mismo: *Qué demonios estará pasando aquí... Me temo que nuestro plan fracasó*. Mientras tira de una cortina de aquella estrecha habitación, no puede creer lo que sus ojos están viendo): ¡Celeste! ¡Maldita prostituta!, ¡¿qué estás haciendo?!

CELESTE (llorando, no se sabe si de terror o de placer): Lo siento, hermanito, pero te juro que por más que lo intenté, me fue imposible resistirme a los brazos de este ángel. ¡Por favor no lo asesines!, déjame tener un hijo suyo.

ANÍBAL (temblando de rabia le dispara en repetidas ocasiones al cura): Y tú despreciable coima… ¿tienes algo qué decir antes de irte con tu marido al infierno?

CELESTE: Estoy completamente desnuda, por favor toma mi cuerpo, es lo único que deseo. ¡Mírame! ¿Acaso no soy hermosa? ¿Has visto a una mujer más bella que yo en tu maldita vida?

ANÍBAL (descargando la última bala de su arma en el cuerpo de su 'hermana'): Ve con tu padre, hermanita, que yo iré con el mío.

LA BICICLETA DE HENRY Y
LA FELICIDAD DE LUCIO

LUCIO: ¿Me prestas tu bici, Henry?

HENRY: No amigo, se enfadan mis padres si te la presto. Deberías decirles a los tuyos que te compren una.

LUCIO: Si me dejas subirme en tu bicicleta, Henry, te contaré una historia maravillosa.

HENRY: Lo siento, no me interesa.

LUCIO: Mis padres son pobres, y tal vez nunca puedan comprarme una bicicleta, pero las historias que ellos me cuentan valen más que todo lo que hay en esta maldita ciudad, incluyendo a tu familia burguesa.

HENRY: Eso es imposible, tú y tu familia no valen una sola llanta de mi bici.

LUCIO: Mi familia es más rica que la tuya. En tu casa se acuestan hablando de dinero y se despiertan igual o peor.

HENRY: Y eso es obvio. No es que sea pesimista, pero creo que no tiene caso hablar de lo que no tienes.

LUCIO: Claro, en tu casa todos carecen de un elemento sagrado denominado *espíritu*, así que no pueden hablar de este.

HENRY: ¿Y eso para qué sirve?

LUCIO: El espíritu te muestra el camino hacia la verdadera felicidad.

HENRY: Qué paradoja la tuya, porque en mi casa todos somos felices.

LUCIO: Ustedes creen que lo son, sin embargo, tienes que hacer un sacrificio heroico si quieres tocar las puertas de la eterna felicidad.

HENRY: Te equivocas, amigo, lo que se necesita es mucho dinero, algo que tú jamás tendrás.

LUCIO: Tus padres pueden darte mucho dinero, mas nunca felicidad; los míos nunca me dan dinero, pero sí efluvios de amor divino, estos que solo vienen de Dios.

HENRY: No eres más que un pobre infeliz queriendo justificar su miseria.

LUCIO: Pobre, sí; infeliz, imposible.

HENRY: ¡Cómo puede un miserable como tú ser tan optimista!

LUCIO: Tú lo eres, al creer que con tu dinero has conquistado la felicidad, pero esta no se conquista, amigo.

HENRY: ¡Ah, no!

LUCIO: Se descubre, casi de la misma manera como descubrimos el amor.

HENRY: ¿Dónde la descubriste tú?

LUCIO: Leyendo mucho. Una mañana de octubre, ahí estaba ella, en medio de aquel grandioso libro.

HENRY: ¿Me prestas ese libro?

LUCIO: Dios tiene un libro para cada uno de sus hijos; encuentra el tuyo si te consideras su hijo.

HENRY: ¿Y qué es lo que debo hacer para saber que no me equivoco de libro?

LUCIO: Leer muchísimos libros. Así es como el tuyo llegará a tus manos; bueno, y también a tu vida, la que cambiará para siempre.

HENRY: No quiero cambiar mi vida, soy feliz como estoy ahora.

LUCIO: Algunos millonarios renunciaron a su riqueza o dejaron de preocuparse por esta cuando descubrieron el libro de sus vidas.

HENRY: ¿Así como muchos pobres renunciaron también a su miseria? Y yo que nunca he leído, ¿qué me recomiendas?

LUCIO: El pobre jamás renuncia a lo que tiene, simplemente hace una transfiguración de eso por lo que tal vez pueda necesitar en su momento. Pienso que lo más importante es que comiences a leer ahora mismo, sino jamás te encontrarás con esa cosa sublime denominada *felicidad*.

HENRY: ¿Cuántos libros me darías tú a cambio de mi bici?

LUCIO: Me temo que dicha permuta es imposible, por no decir que es una profanación del arte literario. Las cosas espirituales no tienen precio, amigo.

HENRY: ¿De qué hablas?, solo son libros.

LUCIO: Antes de que yo los leyera solo eran libros, hoy son parte esencial de mi vida, de mi alma…

HENRY: Resueltamente puedo ir a la librería y comprar todos esos libros que tú tienes ahora, así que, ¿cuál sería la diferencia entre los tuyos y los míos?

LUCIO: Que tú perfectamente pudiste equivocarte en tu compra. Ningún novel lector va a la librería y compra cien libros de una sola vez.

HENRY: ¿A los cuantos libros leídos encontraste tú la felicidad?

LUCIO: Como a los ciento veinte encontré la mitad, pero no había llegado a los doscientos cuando esa mitad ya se había esfumado.

HENRY: No comprendo nada de lo que dices.

LUCIO: Tranquilo, esa mitad no estaba perdida como yo pensé en un principio, solo estaba escondida. Nomás volví a releer esos ciento veinte libros y la tenía de nuevo conmigo. Hoy que superé los trecientos, mi amada *Regina* ya no se alejó jamás de mí.

HENRY: ¿Íntegra o solo la mitad?

LUCIO: Hoy puedo disfrutarla en toda su integridad.

HENRY: Ya veo que nunca seré feliz.

LUCIO: No seas pesimista, tal vez tengas más suerte que yo.

HENRY: Creo que mejor me quedaré con la felicidad del dinero, ya que esa que tú dices poseer, me parece imposible de alcanzar. ¿A qué te refieres con eso de la mentada suerte?

LUCIO: Conozco a alguien que encontró el libro de su vida entre los primeros diez que leyó.

HENRY: Seguro me estás engañando. No entiendo, si la lectura es tan importante para la vida ¿por qué mis padres jamás me compraron un libro?

LUCIO: Nunca se los pediste.

HENRY: Y cómo iba yo a saberlo.

LUCIO: Es inaudito que no haya una Biblia en tu casa. Ese fue el primer libro que yo leí. Sabes, a pesar de que mis padres nunca tenían suficiente dinero, siempre que salían de compras, me preguntaban: *¿Quieres que te traigamos algo, hijo?*

HENRY: ¿Y tú les encargabas un libro?

LUCIO: No exactamente. Recuerdo la primera vez que ellos se fueron de compras y me hicieron esa pregunta, mi respuesta fue esta: *Tráiganme algo que me haga feliz.* Lo hice con toda la inocencia de un infante, aun así, no esperaba una bicicleta ni nada parecido, pues yo sabía muy bien que el dinero que ellos llevaban no era suficiente ni para comprar la comida de la semana, sin embargo, siempre me traían mi preciado regalo.

HENRY: ¿Por qué pensaron ellos en un libro y no en un juguete, cuando este podría ser incluso más barato?

LUCIO: Ellos siempre compran en librerías de segunda, considerando que es en estas donde venden los mejores libros. ¿Y tú nunca pensaste en un libro?

HENRY: Jamás se me cruzó por la mente, yo solo pensaba en dulces, juguetes, películas...

LUCIO: Tal vez si les hubieses pedido de manera indirecta, ellos no habrían pensado en otra cosa sino en un libro, o al menos en una revista.

HENRY: Conozco muy bien a mis padres. Al margen de lo que yo les hubiese solicitado, ellos jamás me comprarían un libro. Tus padres son geniales.

LUCIO: Los tuyos también lo son, solo que ellos se interesaron primero por tu riqueza más que por tu sapiencia, en cambio los míos hicieron lo contrario.

HENRY: ¿Entonces sí es verdad eso de que la sabiduría conduce a la felicidad?

LUCIO: No siempre. Existe referencia fidedigna de algunos sabios que jamás fueron felices. También nos sucede a muchos que intentando ser más eruditos, terminamos siendo más felices.

HENRY: Qué me dices de los sabios que se suicidan.

LUCIO: Aunque pareciera algo inconcebible, suele pasar.

HENRY: Tal vez es que llegaron a un estado de felicidad plena, y entonces no conciben nada más que la muerte.

LUCIO: A veces el miedo te hace cometer locuras, más que la erudición misma, obviamente.

HENRY: Entonces, ¿suicidarse es cosa de locos o de inteligentes?

LUCIO: Es harto difícil encontrarle una respuesta bien fundamentada a tu pregunta. Sabemos que existe un tercer sujeto que ni está loco ni es inteligente, empero, al igual que estos, se suicida.

HENRY: ¿Tú alguna vez has pensado en la muerte?

LUCIO: Paso tan ocupado de la vida que nunca tengo tiempo para pensar en la muerte.

HENRY: Y el día que tengas tiempo seguro ya estarás muerto.

LUCIO: ¿Y qué me dices tú?

HENRY: Ni siquiera pienso en la vida.

LUCIO: ¿Y cómo te va en la escuela?

HENRY: Voy cuando quiero, no hago las tareas, pero nunca repruebo.

LUCIO: Pues yo, a pesar de que estoy en la pública, voy si quiero, y siempre obtengo la nota máxima.

HENRY: Eso no es cierto. Las escuelas estatales no funcionan así. Si no haces las tareas o no te presentas todos los días a clases, repruebas el año.

LUCIO: Te juro que ese no es mi caso, desde una vez que le pregunté a mi mentor que si podía evaluarme con base a 100%. La respuesta de mi buen maestro no me decepcionó. Desde entonces no hago tareas y solo estudio para la semana de exámenes.

HENRY: ¿Qué más puedes decirme de la escuela pública?

LUCIO: Nadie anda un teléfono celular excepto los docentes, y muchos andamos con el uniforme roto, incluso hay unos que andan descalzos.

HENRY: ¿Y son tan felices como tú?

LUCIO: La mayoría de ellos no lee.

HENRY: ¿O sea que aún no encuentran el libro de sus vidas?

LUCIO: Y no creo que lo encuentren.

HENRY: ¿Por qué lo dices?

LUCIO: Noto una bochornosa pobreza léxica en todos ellos.

HENRY: Entiendo. Aun así, creo que yo soy peor que el más vil de todos ellos.

LUCIO: A ti lo único que te hace falta es descubrir ese libro, y entonces serás tan humano como yo.

HENRY: No me importa si nunca lo soy; me interesa el libro, ninguna otra cosa.

LUCIO: Pues ve por él.

HENRY: Hoy compraré diez libros, después otros diez, y así sucesivamente hasta que descubra ese preciado tesoro denominado *felicidad*.

LUCIO: Lo descubrirás, amigo. Solo no te equivoques al momento de seleccionar tus obras.

HENRY: Sé que hay libros de cuento, arte, filosofía, física, química, lingüística, historia, entre otros, ¿qué me recomiendas tú?

LUCIO: Comienza por lo más fácil.

HENRY: Supongo que lo más fácil es un cuento.

LUCIO: Es posible.

HENRY: ¿Podrías recomendarme al menos un autor que tú conozcas?

LUCIO: Creo que *El pescador y su alma* de Oscar Wilde es una muy buena opción.

HENRY: Perfecto, compraré la obra completa de Wilde.

LUCIO: Te estarías arriesgando demasiado. Si vas a comprar una decena de libros, piensa al menos en cinco escritores.

HENRY: Pero si solo sé el nombre del que tú acabas de mencionar, ¿cómo crees que puedo pensar en cinco?

LUCIO: Creo que nos estamos complicando demasiado. Tú ve a la librería y di que quieres comprar diez libros, cinco de filosofía y cinco de literatura, eso es todo. Me cuentan mis padres que el día que me compraron mi primer libro no pensaron en nadie, pues era obvio, ellos no conocían ni siquiera el nombre de un solo escritor. Cuando el dueño de la tienda de libros les preguntó qué libro andaban buscando, ellos le respondieron que habían olvidado el título de este, pero que, si les permitía entrar en la tienda, tal vez podían encontrarlo.

HENRY: Entonces entraron en la librería, tomaron el primer libro que vieron, lo pagaron y te lo llevaron.

LUCIO: Creo que confiaron mucho en el título de este.

HENRY: ¿Cuál es ese?

LUCIO: *Desde el lugar del pobre* de Leonardo Boff.

HENRY: Entonces sí fue el título del libro lo que los sedujo a comprarlo.

LUCIO: Desde entonces quedé convencido de que no se puede prescindir de ello al momento de inclinarse por una obra que no conocemos.

HENRY: Pues no es una aberración pensar que el título de un libro es tan importante como el autor de este, principalmente para aquellos que vienen iniciándose en la lectura y se encuentran en medio de una inmensa librería y no saben qué comprar.

LUCIO: Estoy de acuerdo con lo que dices; cualquiera diría que tu comentario es muy acertado.

HENRY: Aunque tal vez haya alguien que se equivocó de título.

LUCIO: Claro, ¿quién no lo diría? Por mucho que el sabio se acerque a Dios, nunca decidirá como Él.

HENRY: ¿A qué te refieres?

LUCIO: Que perfecta solo la decisión del Mesías.

HENRY: ¿Crees tú que en ese instante cuando vas a tomar la decisión de tu vida, cerrar los ojos y pensar por un segundo en Dios, gratifique tu acción?

LUCIO: Por supuesto que sí. Y cuando tú piensas en Dios, ¿cuál es la imagen que figura en tu mente?

HENRY: Me es imposible pensar en una imagen cuya representación sea el Mesías.

LUCIO: ¿Entonces nunca piensas en Él?

HENRY: Solo digo que es imposible representárnoslo en la mente, ya que esta es demasiado pequeña para hacer posible dicha representación. Dime si acaso tú lo has conseguido alguna vez.

LUCIO: Él siempre viene a mí al invocar yo su nombre, y cuando no llega a mi mente, entonces se va directo a mi corazón. Pero no se me presenta como imagen, sino con un mensaje.

HENRY: Yo digo que el corazón de cualquier ser humano es muchísimo más pequeño que la mente. ¿Y cuál es ese mensaje?

LUCIO: «Ningún mensaje del Mesías es humanamente expresable», amigo. Dicen que la grandeza del corazón varía de un hombre a otro, al igual que la mente.

HENRY: Creo que todo ser humano está dotado de ese órgano vital denominado *corazón*, a pesar de ello, no puedo decir lo mismo respecto de la mente, esto es, que, «Todos sienten, pero no todos piensan», como dicen algunos supuestos pensadores.

LUCIO: Algunos filósofos afirman que «El sentir te conduce de alguna manera al pensar». Imagina que acabas de perder uno de tus brazos: ¿es posible que te mantengas impasible después de la pérdida de este?

HENRY: Tal vez no permanezca imperturbable ante la situación, sin embargo, esto no implica que esté pensando en el brazo que acabo de perder. Incluso, en ese preciso instante podría borrar toda imagen de mi mente.

LUCIO: ¿Y si fueras tú un pianista recién egresado de una escuela de música que se prepara para su primer concierto?

HENRY: Creo que en ese caso el suicidio sí sería una buena opción.

LUCIO: El suicido jamás será una opción, amigo, por más luctuosa que sea la situación en la que x o y sujetos se encuentren. Imagina un águila que deja solos a sus polluelos para salir a buscar comida, y cuando regresa encuentra el nido vacío. ¿Crees que su pérdida justifique que este voraz depredador ya no quiera volar?

HENRY: ¿Dices que nunca habrá motivos suficientes para quitarse la vida?

LUCIO: Solo digo que hay que enfrentar la vida con los ojos abiertos.

HENRY: ¡Oye, Lucio! Toma mi bicicleta, te la regalo, ya no la necesito.

LUCIO: Gracias, pero yo tampoco la necesito.

HENRY: ¡¿Qué?! ¿Acaso ya olvidaste que hace apenas una hora me solicitaste que te la prestara?

LUCIO: Solo estaba bromeando, yo ni siquiera puedo andar en bicicleta.

HENRY: Es fácil, si quieres te enseño cómo se hace.

LUCIO: No amigo, estoy interesado en aprender otras cosas más relevantes que montar una bicicleta.

HENRY: Dime una.

LUCIO: Aprender a leer con los ojos cerrados.

HENRY: Es un chiste, ¿cierto?

LUCIO: De ninguna manera, hablo muy en serio.

HENRY: Pues no sé si habrá libros para no videntes, amigo.

LUCIO: Así como hay escritores invidentes, también hay escritos para ciegos.

HENRY: Entonces lo que no hay son libros para dementes que piensan que pueden leer con los ojos cerrados.

LUCIO: Dije que quiero aprender a hacerlo. No voy a rendirme hasta lograrlo. No estoy del todo seguro, sin embargo, creo haber soñado con esto alguna vez.

HENRY: Yo siempre tengo malos sueños, tales como: perros atacándome, que me voy a un abismo, que me ahogo en un lago, entre otros.

LUCIO: ¿Y nunca has vivido uno de esos? Porque yo, a pesar de que nunca he soñado esas desgracias que tú mencionas, sí las he vivido.

HENRY: No que yo recuerde, caballero. Ahora veo que tengo más suerte que tú. Bueno, los sueños son siempre una cosa tan extraña.

LUCIO: No hay sueños imposibles, lo único imposible en este mundo es dejar de soñar.

HENRY: Mientras estés despierto, es imposible soñar. ¿O tú vas a decirme que alguna vez has soñado despierto?

LUCIO: No solo una, sino que muchas veces, amigo.

HENRY: Ya quiero escuchar ese cuento.

LUCIO: Ningún cuento. Una noche de invierno, me encontraba yo sentado en una piedra enorme intentando contemplar una estrella del firmamento; después de cinco largas horas de espera, se desató una gran tormenta, entonces me dije: *Con el cielo nublado y esta fuerte lluvia, es imposible que pueda continuar contemplando mi estrella. Así que me fui a la cama, me acosté boca arriba, cerré mis ojos y una fulgurante roca gigante descendía silenciosa desde el cielo.*

HENRY: Solo estabas soñando.

LUCIO: No fue un sueño, sufrí un autoengaño; bueno…, soné despierto, porque cuando abrí mis ojos, aunque estos nunca se cerraron, no estaba en mi cama, sino que seguía sentado en aquella misma roca.

HENRY: ¿Y qué fue de la tormenta?

LUCIO: Había cesado.

HENRY: Hermosa ocurrencia.

LUCIO: Aunque no lo creas, se trata de una maravillosa *vivencia metafísica*, una de tantas.

HENRY: Ahora entiendo por qué mis padres nunca pensaron en comprarme un libro. Me temo que ellos no desean tener a un demente en su casa.

LUCIO: El exceso de ignorancia te puede llevar a la demencia, pero nunca el exceso de sabiduría, esta solo puede conducirte a la plenitud existencial.

HENRY: Yo nunca leo y siempre estoy lúcido.

LUCIO: Imagínate el grado de lucidez al que llegarás si comienzas a leer un poco.

HENRY: Sé que me servirá de poco o nada, no importa, compraré esos diez libros que me sugeriste hace un momento.

LUCIO: A nadie le sirve un libro si no lo sabe leer.

HENRY: Ahora no solo se trata de leer, sino de saberlo hacer. ¿Cuándo puedes decir que has leído bien un libro?

LUCIO: Cuando quieres volver a leerlo.

HENRY: ¿Y si resulta que el escrito es infumable?

LUCIO: Esos libros yo no los leo; los arrojo de inmediato a la basura.

HENRY: ¿Cuántos has desechado hasta ahora?

LUCIO: No más de cinco, y ninguno de esos fue obsequio de mis padres.

HENRY: ¿Qué dirás cuando te pregunten por ellos?

LUCIO: Diré que me los hurtaron.

HENRY: Pensé que nunca mentirías.

LUCIO: Si digo que los tiré al bote de basura, no volverán a regalarme nada.

HENRY: O tal vez les cause gracia. Hay gente que prefiere regalar algo en vez de desecharlo, aun sabiendo que el destino de lo que regalaron no es sino el basurero.

LUCIO: Supongo que tú ya lo has hecho, o al menos intentado.

HENRY: No que yo recuerde.

LUCIO: ¿Acaso ya olvidaste que hace apenas unos minutos me ofreciste tu bicicleta? Tú y yo sabemos que esa cosa no sirve. Si gustas puedo acompañarte al basurero.

HENRY: Mejor acompáñame a la librería, te invitaré una cerveza.

LUCIO: En esta ciudad no venden bebidas alcohólicas a menores, y soy abstemio.

HENRY: Yo también lo soy, amigo, solo era un chiste. ¿Vienes o no a la librería conmigo?

LUCIO: Es demasiado tarde ya, y no quiero preocupar a mis padres. Si lo deseas, puedo acompañarte mañana a primera hora.

HENRY: Si me acompañas ahora, te obsequiaré tres libros de tu predilección, sin importar el costo de estos.

LUCIO: ¿Por qué el apremio?

HENRY: Es porque hoy es viernes y suele haber muy buenas ofertas.

LUCIO: Me temo que tu intención es otra.

HENRY: ¿Qué necesidad tengo yo de robar un libro cuando me sobra el dinero para comprarlo?

LUCIO: Si la gente hurtara por necesidad, no habría muchos ladrones en este mundo. De todos modos, yo no me refería a que fueses a robar un libro. La lobreguez se presta para muchas cosas, no solo para el hurto.

HENRY: ¿Quieres mencionarme por lo menos una de esas?

LUCIO: Hay homicidas nocturnos.

HENRY: No digas incoherencias, amigo. En mi vida he imaginado lo que acabas de decir. Jamás iré a la cárcel por asesinato, caballero. ¡Vaya que tienes lengua para hablar!

LUCIO: Pues esta noche yo no quiero ser testigo ni víctima de nadie. Agradezco tu gentileza, pero mis padres me esperan en casa. Hasta mañana, caballero de las tinieblas. Suerte con tus libros.

HENRY: Está bien, gracias. Hasta mañana, divino soñador.

EL NIÑO PESCADOR Y EL FANTASMA

EL FANTASMA: ¡Oye, niño!, ¿qué haces pescando en mi río a esta hora de la noche? Deberías estar durmiendo como todo pequeño de tu edad.

EL PESCADOR: Mi abuelita está muy mal de salud, y el pescado es lo único que le cae bien a la pobre. ¿Quién eres tú? Los ríos no tienen dueño, y no soy ningún recién nacido como crees, ya cumplí los doce.

EL FANTASMA: Soy un fantasma, dueño y protector de las fuentes de agua de esta región. No entiendo cómo un niño de doce años puede ser tan diminuto.

EL PESCADOR: Y a ti qué te importa mi estatura. Los fantasmas no hablan, estulto. Debes ser tan horrible que te da vergüenza que te miren, por eso solo sales en la noche, maldito esperpento.

EL FANTASMA: Vuelves a proferir otro insulto contra mi persona y te convierto en pez, niño insurrecto. Supongo que fue tu abuelita decrépita quien te dijo que los fantasmas no hablan, porque a la escuela no creo que hayas ido.

EL PESCADOR: Si me hubiese dicho que estos no hablan, yo no le hubiese creído. «Los fantasmas no existen, hijo» –me dijo resuelta–. Y, es obvio, lo que no existe, no puede emitir sonido alguno, mucho menos articular palabras. Respecto a lo que dijiste de la escuela, tienes razón, nunca frecuenté esta, ni siquiera una vez. Pero ¡qué importa! A la escuela deben ir los que quieren, no los que pueden.

EL FANTASMA: Y tú eres de los que quieren, pero no pueden, ¿cierto?

EL PESCADOR: No siempre funciona de esa manera; a veces el querer trasciende el poder.

EL FANTASMA: No digas sandeces, niño. *Yo quiero ir a Moscú, mas no puedo. ¿Cómo me explicas esto?*

EL PESCADOR: El presidente de Moscú puede dormir ahora, pero no quiere. ¡Ya vez qué fácil te lo expliqué, mentecato! Aquí el poder depende necesariamente del querer.

EL FANTASMA: Moscú o Rusia, niño prodigio.

EL PESCADOR: A veces una ciudad es más importante que toda la nación a la que pertenece.

EL FANTASMA: ¿Puedes nombrar ahora mismo cuatro ciudades que consideres como tales?

EL PESCADOR: Atenas, Sevilla, Salzburgo y Leipzig.

EL FANTASMA: Grecia, España, Austria y Alemania. ¿Y qué me dices de ciudades como Madrid, Viena, Berlín?

EL PESCADOR: Son importantes, pero no tanto como las que acabo de mencionar. Wagner no nació en Berlín, amigo, ni Mozart en Viena. Creo que más preciso no puedo ser contigo.

EL FANTASMA: ¿Y tú de dónde sacas esos nombres, si ni siquiera fuiste a la escuela?

EL PESCADOR: Si los docentes de la escuela supieran algo de arte musical, te juro que yo no estaría aquí pescando con esta maldita atarraya. Hace unas décadas, saber leer y escribir servía de mucho; hoy, sirve de poco o nada.

EL FANTASMA: ¿Y qué me dices de tu abuela?

EL PESCADOR: Es una maestra jubilada. Nunca me dejó ir a la escuela, pues según ella soy demasiado inteligente.

EL FANTASMA: Yo diría, demasiado ignorante, al igual que tu abuela. ¡Qué profesora le dice a su nieto que no asista a la escuela! Seguro que la nonagenaria de tu abuela ni siquiera sabe leer. Además, los docentes jubilados reciben un salario, como para que tu anciana decrépita le pague a alguien por que cuide de ella, y así, tú vas a la escuela.

EL PESCADOR: El mísero sueldo que devenga la pobre apenas le alcanza para comprar el medicamento que toma a diario.

EL FANTASMA (después de una breve pausa): ¿No crees que ya pescaste suficiente por esta noche?

EL PESCADOR: Pescaré todos los peces que quiera, ya que no todas las noches son buenas para la pesca; yo solo vengo al río tres veces por semana.

EL FANTASMA: Con todos esos pescados que tienes en ese balde, no volvería a pescar en tres meses.

EL PESCADOR: No exageres. Un cuarto es para la casa, el resto lo vendo.

EL FANTASMA: ¿Y qué haces con ese dinero?

EL PESCADOR: Colaboro con mi abuela para que compre los medicamentos que los médicos le recetan, y si me sobra un par de monedas, lo guardo en mi cofre. Ahorro lo más que puedo para cuando ella se muera.

EL FANTASMA: ¡Ahorrar! ¿Para qué? ¿Acaso quieres hacerle un monumento a la anciana?

EL PESCADOR: Se lo haría si me lo solicitara, pero no, ella no quiere eso, quiere un viaje por el mar.

EL FANTASMA: ¡Un viaje por el océano! ¿Antes o después de morir?

EL PESCADOR: Cuando muera. Ahora que está enferma lo que menos desea ella es salir de casa.

EL FANTASMA: Si gustas, yo puedo alquilarte mi barco; es viejo, pero funciona de maravilla. Podemos zarpar mañana mismo si lo deseas.

EL PESCADOR: Agradezco tu indulgencia, sin embargo, no creo que mi abuelita quiera salir a navegar ahora.

EL FANTASMA: Trata de convencerla antes de que deje de respirar. Sería un hermoso viaje, porque al regresar, tendríamos una gran historia que contar, ¿no te parece?

EL PESCADOR: ¿De qué hablas? ¿Quieres que asesine a mi abuela en el mar?

EL FANTASMA: Yo no dije que la mates, sino que la llevemos a navegar lo más lejos posible, esto es, hasta el día en que ella cierre sus ojos por última vez; entonces la arrojamos al mar, y listo. Es el mejor regalo que un nieto puede ofrecerle a su abuela antes de verla fenecer.

EL PESCADOR: ¿Y qué es lo que se supone que haremos si después de un par de semanas mi abuela no se muere aún? Porque lo que ella desea, es que el día de su muerte, naveguemos por el océano lo más lejos posible, la arroje en una canoa bañada de combustible, y luego le prenda fuego.

EL FANTASMA: Estoy dispuesto a navegar por tres meses si así lo requiere el viaje; todos los gastos corren por mi cuenta.

EL PESCADOR: ¿Y cómo fue que te procuraste ese barco? También quiero saber el porqué de tu interés en transportar a mi abuela por el océano.

EL FANTASMA: Mi padre fue un gran pescador, amigo, al igual que yo. Aún recuerdo aquella agradable tarde de pesca cuando me dijo que su mayor anhelo de marinero, y por el que siempre rezaba, era para no morir ahogado en aguas saladas, y tal parece que Dios le escuchó, empero, igual murió asfixiado. Esos peces que tú pescas en este río, amigo, no son naturales de aquí; los atrapé en un lejano río que yo mismo descubrí en el fondo de una cueva misteriosa, y no vengo hasta acá solo para cuidarlos, sino para alimentarlos. Siempre y cuando no lo hagas durante el día, te dejaré pescar por un tiempo.

EL PESCADOR: Igual, me iré en unos meses de este pueblo. O sea que esa nave marítima que tú tienes es el legado que te dejó tu padre, ¿cierto? ¿Y cómo fue que ese gran hombre murió?

EL FANTASMA: Él se encontraba disfrutando de un pescado que recién acababa de freír cuando súbitamente una maldita espina se atravesó en su laringe. Si no me hubiese dormido antes, creo que él no habría muerto. Y respecto al barco, sí, era de mi padre.

EL PESCADOR: En verdad lo lamento, amigo. ¿Y qué hiciste con el difunto?

EL FANTASMA: Hice exactamente lo mismo que tú harás con el cuerpo de tu abuela. Él también quiso dejar sus cenizas en la inmensidad del océano, así que no iba a deshonrarlo de ninguna manera.

EL PESCADOR: ¿El fuego lo extinguió por completo?

EL FANTASMA: Usé un líquido inflamable que, al hacer contacto con un cuerpo, una vez que le prendes fuego, este no se extingue mientras el cadáver no haya sido reducido a cenizas. Así fue como mi progenitor se despidió de este mundo.

EL PESCADOR: ¡Vaya historia! ¿Y cuánto tengo que pagarte por el alquiler de tu nave?

EL FANTASMA: Relájate, no tienes que pagarme nada.

EL PESCADOR: No sé por qué, pero presiento que nada de lo que me has dicho sobre tu nave y tu padre es cierto.

EL FANTASMA: Me agradan los chicos inteligentes, pero más me entusiasmo cuando estos se engolfan en sus disquisiciones.

EL PESCADOR: ¿De qué hablas?

EL FANTASMA: Digo que es común de casi todos los niños creer lo que expresan los adultos.

EL PESCADOR: Yo creo que más bien es lo contrario; de cualquier manera, tiene que ser así, ya que los niños no padecen de Alzheimer.

EL FANTASMA: Yo no asimilo correspondencia alguna entre la demencia senil y el acto de mentir.

EL PESCADOR: Mi abuela también padece esta enfermedad y últimamente he llegado a la conclusión de que muchos de sus recuerdos e historias que ella saca a colación, casi siempre, carecen de referente real.

EL FANTASMA: Es obvio que tu abuela en ningún momento ha deseado mentirle a su nieto deliberadamente, solo que, al ser traicionada por su memoria, la pobre no profiere más que dislates, al igual que todos los provectos que padecen de la misma enfermedad. En conclusión, los niños mienten para eximirse de alguna falta grave que cometieron, en tanto los ancianos incurren en error por demencia.

EL PESCADOR: Entonces existe la posibilidad de que pueda volver a ver a mi madre. Sabes, la primera vez que le pregunté a mi abuela que en dónde se encontraba su hija ('mi madre'), me dijo que aquella joven mujer había emigrado a los Estados Unidos cuando yo tenía apenas un año. Ayer le hice la misma pregunta y me respondió lacónicamente: «Yo jamás tuve una hija».

EL FANTASMA: No te preocupes por eso, es fácil averiguarlo.

EL PESCADOR: ¿Cómo?

EL FANTASMA: Primero, debemos averiguar si tú en verdad eres su nieto; para esto, exijo que me digas la edad exacta de tu abuela.

EL PESCADOR: Mi abuela tiene exactamente cincuenta años, pero si la ves, creerás que tiene ochenta.

EL FANTASMA: Si es verdad lo que dices, tú siempre has estado al amparo de tu madre. Eso que te dijo la anciana de que nunca tuvo una hija, tiene mucho sentido.

EL PESCADOR: O tal vez esa supuesta mujer que emigró a Norteamérica no es mi madre sino mi hermana.

EL FANTASMA: No es desacertado tu comentario, muchacho.

EL PESCADOR: ¿Y tú tienes hermanos?

EL FANTASMA: Gracias a Dios, no.

EL PESCADOR: ¿Crees que los hermanos son una desgracia?

EL FANTASMA: Toda la ominosa vida, al igual que los hijos. Lo más hermoso en este viaje denominado *vida*, sería que te vinieras solo y te regresaras acompañado, así tendrías a alguien con quien conversar en tu segundo peregrinaje existencial.

EL PESCADOR: ¿En serio crees tú en un segundo peregrinaje? ¿Y acaso no llegamos solos a este mundo?

EL FANTASMA: Me refiero a la no intervención de nuestros padres, o sea, caer como gotas de agua. Y sí, amigo, creo en un segundo viaje.

EL PESCADOR: Entiendo. ¿Y cómo sabes que no es este tu último viaje? Sospecho que ahora nos encontramos en nuestro primer y último crucero. Para mi suerte, tengo más vida que tú para cambiar de ruta.

EL FANTASMA: Ese es tu problema, niño, creer que porque puedes cambiar de ruta llegarás a un mejor lugar. Créeme, en este viaje todas las rutas conducen al mismo puerto; todas, amigo. Lo más hermoso y emocionante de este crucero es que a nadie le exigen hora de llegada.

EL PESCADOR: ¿Y qué hay de esos que se apresuran por llegar antes o ser de los primeros en descender de la nave, en comparación con el resto de las tripulaciones?

EL FANTASMA: No lo sé, muchacho, pero no te preocupes, lo desentrañaremos el mismo día que arribemos al gran puerto.

EL PESCADOR: Esto es, nunca.

EL FANTASMA: No seas pesimista.

EL PESCADOR: Tú sabes muy bien de lo que estoy hablando.

EL FANTASMA: Yo lo único que sé es que si sigo aquí hablando contigo mi mujer se va a enfadar conmigo.

EL PESCADOR: ¿Cómo es posible que un fantasma se deje intimidar de una meretriz?

EL FANTASMA: Si en verdad se tratase de una meretriz, entonces no me hubiese comprometido con ella, imposible. Sí es una chica sensual, en efecto, pero con cualidades espirituales inigualables.

EL PESCADOR: ¿De qué cualidades estamos hablando, señor fantasma?

EL FANTASMA: Déjame decirte que desde que me llevé a esta mensajera de Dios a mi casa, ya no necesito dejar alarma para despertarme temprano; mi mujer me despierta entonando una de mis arias favoritas. Ella es amante de la poesía romántica y también se dedica a la pintura. Aún no logra consumar su obra maestra, la misma que comenzó a dibujar desde la primera semana que se fue a vivir conmigo, esto es, hace más de una década.

EL PESCADOR: Es increíble que hayas encontrado a la mujer perfecta en *el peor de los siglos posibles*; diría que es casi un milagro. Tiene que ser foránea, letona o rumana, quizá, porque en este pueblo ni buscando con una lupa te encuentras a una mujer tan culta, inteligente y fiel amante del arte como tu esposa. ¿Y qué más sabes tú respecto de la obra en la que trabaja tu amada mensajera...?

EL FANTASMA: Solo sé que mi hermosa princesa rumana trabaja en su obra con ahínco y dedicación incomparables. Después de tantos años dedicados a la misma pintura, lo único que ella desea es consumar su misterioso cuadro, pues a pesar de su esfuerzo ingente, aún no llega a su fin; todavía no logra plasmar su alma en ese enorme lienzo.

EL PESCADOR: ¡Su alma! Sin duda que será una pintura estupenda, pero tantos años trabajando en esta, sí que es algo insólito, ¿no te parece? ¿Tú has visto esa pintura, amigo?

EL FANTASMA: La vi una vez, hace ya más de un año, pero te juro que lo menos que deseo ahora es volver a entrar en ese pequeño cuarto a presenciar tan siniestro cuadro: al verlo, me horroricé de inmediato, era como si la criatura más espeluznante del mundo intentara arrebatarme la vida.

EL PESCADOR: Sí que suscita espanto esa vivencia tenebrosa que acabas de narrarme. ¿Cómo es posible que el alma de una mujer tan civilizada te haya horrorizado de esa manera?

EL FANTASMA: Aún sigo cavilando si esa obra representa en verdad su alma, o si se trata de algún espíritu maligno. En mi vida vi una pintura como esa. Yo creo que sí, esa obra no representa sino el alma de una criatura de ultratumba; espero equivocarme. Yo he contemplado diversidad de cuadros y pinturas de todos los períodos y estilos, pero jamás vi nada igual.

EL PESCADOR: Raras veces me embarga el miedo, empero, con todo lo que acabas de narrarme respecto de ese cuadro, ya siento que se me sale el corazón. ¿No crees que deberías echarle un segundo vistazo a ese cuadro? Quizá en todo ese tiempo transcurrido desde la primera vez que lo viste, haya mutado su aspecto considerablemente.

EL FANTASMA: Creo que ni estando loco volvería a introducirme en ese cuarto. Si en aquel entonces estuve tan cerca de terminar en un manicomio, creo que ahora acabaría en un camposanto, te lo aseguro. Lo que más me desconcierta de todo esto es que mi soberbia mujer siempre pinta en la oscuridad. Recuerdo muy bien aquella primera noche que yo dormía con ella, ocurrió algo insólito: al parecer mi esposa ya se había dormido, cuando de improviso saltó sobre la cama en cuanto decía con voz tenebrosa: «Si no lo hago yo, alguien más lo hará». Transcurridos unos minutos después del sobresalto, se desvistió por completo; entonces se arrojó frenéticamente sobre mí. Aún no olvido esa noche de espanto y lujuria.

EL PESCADOR: La fusión perfecta, señor fantasma. Eso de las labores nocturnas no me sorprende, mírame a mí, pescando a las diez de la noche en este río. Tal vez tenga algo que ver con el silencio; también el clima suele influir bastante al momento de la creación artística. Me pregunto ¿cuál es ese elemento integrante de la susodicha obra que suscita tanto espanto en el espectador? La noche que tú presenciaste ese cuadro, ¿tu mujer se encontraba contigo?

EL FANTASMA: En aquel entonces no creo que ella me lo hubiese autorizado, a pesar de ello, hoy por la mañana, me imploró que entrase en la habilitación donde expone su enigmática y escalofriante pintura. Me temo que llegó a su fin; no importa, yo nunca volveré a abrir la puerta de esa recámara sabiendo que un alma perversa y demoníaca aguarda por mí en el interior de esta. Lo cierto es que como aquella noche de espanto y lujuria no habrá otra igual, imposible. Aunque daría lo que fuese por reencarnar una vez más esa vivencia de entera voluptuosidad y consternación; pero no en ese cuarto sombrío. Esta mujer quiso apoderarse de mi voluntad, y creo que alcanzó su cometido.

EL PESCADOR: No está mal ser dominado por una ninfa; apuesto mi vida que lo es. Creo que todos recordamos esa peculiar vivencia del pasado e insistimos en resucitarla una vez más. Lo que más me desconcierta de la enigmática creación artística de tu amada esposa es por qué ella que la presencia todas las noches no se espanta ante su cuadro como sucedió contigo. Deberías acatar el llamado de tu divina esposa. Yo digo que regreses a esa misteriosa habitación a disfrutar de la más pura y sublime de todas las posibles contemplaciones. Solo un necio osaría rehusar el mandato de una diosa. Toma su mano, acompáñala a su cuarto y concédele su gran deseo de presentarte a ti (su amado esposo), la obra de su vida: el alma redimida de un fantasma.

EL FANTASMA: Ese es un cuadro extravagante por el que ninguna galería de arte se interesaría. Tú sabes, amigo, no todos despertamos la misma receptividad estética respecto de todo arte. Y, sí, soy súbdito de Turangalila, desde esa noche inolvidable en que ella me observó con ojos fulgurantes en cuanto pronunciaba estas palabras: «Ven a mí, alma perdida, que yo a redimirla he venido».

EL PESCADOR: Creo haber descifrado el enigma de esa pintura: lo que tú viste en ese cuadro no fue el alma de tu esposa, sino un momento de redención del alma degenerada y perdida de su amado fantasma. Ahora, ella quiere devolvértela, enteramente redimida. ¡Bienaventurado eres, amigo! Ve con Turangalila esta misma noche y ase lo que ahora te pertenece. Digo *ahora* en vez de *siempre*, porque aquella noche, cuando tú la viste, aún no estaba íntegra como seguro se expone esta grata noche de luna. ¡Ah!, y algo más que quiero saber: ¿nunca le preguntaste a tu esposa el porqué de su nombre?

EL FANTASMA: Es obvio que su nombre hace total referencia al poema sinfónico del insigne maestro del siglo XX Olivier Messiaen. Lo más sorprendente es lo que te diré a continuación: resulta que una respetable y distinguida mujer, estaba embarazada de la que sería su única hija, mi esposa. Ella concurrió al teatro acompañada de algunas amigas sin saber que esa tarde sabatina interpretaban el teofánico poema sinfónico del divino Messiaen. Todos quedaron fascinados al escuchar la emblemática composición del susodicho maestro, pero nadie como mi suegra, quien se fue corriendo hasta la plataforma donde se sitúa la orquesta filarmónica y le preguntó a uno de los músicos (un joven chelista) por el nombre de la obra que recién interpretaron. El violonchelista le respondió amablemente a la dama, explicándole incluso la etimología del término, lo que sin duda la cautivó aún más. Entonces se retiró del teatro rebosante de alegría, pues según ella, había descubierto, esa placentera tarde, el nombre perfecto de su hija. Y respecto a la pintura, solo espero que sea acertado tu comentario; admito que siento un vacío enorme en el fuero de mi ser. Tal vez tú tengas razón; sé que hay algunos entes indignos que se horrorizan al escuchar apenas un movimiento de una sinfonía, a pesar de ello, todo se torna normal con los auténticos amantes del verdadero arte musical que sí prestan oídos a la obra completa.

EL PESCADOR: Así es, estimado amigo. Te aseguro que esta misma noche llenarás ese vacío existencial que por años ha subyugado la penosa vida de un desalmado que ya se convirtió en fantasma. Y referente al nombre de tu amada, sí que me dejas turulato; tú acabas de narrarme la historia más extraordinaria del mundo, esa que todos quisieran escuchar. Ojalá y un día no muy lejano tenga el honor y el privilegio de conocer a tu encantadora Turangalila.

EL FANTASMA: Te juro por la bóveda celeste que esta noche nos ilumina, que conocerás a mi distinguida esposa. Creo que te vas a enamorar de ella, sí que lo harás. Las obras del Altísimo siempre son creaciones perfectas y hermosas, al igual que divinas, pero como mi amada mujer (sublime beldad), jamás resurgirá otra. Lamento que seas demasiado joven, porque me hubiese gustado que tú te fueses a vivir con ella después de mi última despedida. Yo estoy muy enfermo, jovencito. Mis días están contados. Ahora comprenderás por qué quiero emprender mi último peregrinaje por el mar lo antes posible.

EL PESCADOR: ¿En serio crees que morirás pronto? Yo hablaré con mi abuela a ver qué me dice respecto del viaje. Y si por casualidad le agrado a Turangalila, no te preocupes, las mensajeras de Dios aman a los niños; los niños hijos de la Sabiduría, eso sí. Además, las ninfas jamás envejecen.

EL FANTASMA: Efectivamente, mi esposa posee el mágico *secreto de la eterna juventud*; a pesar de que nunca se ha sometido a una cirugía estética, su rostro es como el de una bella quinceañera, aunque legalmente supere las cinco décadas. Muchos en mi barrio –cuando nos ven juntos–, creen que esa dama elegante no es mi mujer sino mi hija, y no los juzgo, yo en sus zapatos también sospecharía lo mismo. Referente a la fecha de mi muerte, quiero que sepas que me queda un poco menos de cuatro meses. Por favor, convence a tu 'abuela' para que nos despidas a ambos en el mismo viaje. Turangalila me prometió escoltarme en el que será mi último crucero; entonces yo me voy con tu madre y tú te regresas junto a la bella dama, la mensajera predilecta del Mesías.

EL PESCADOR: Veré qué puedo hacer por ella; tal vez logro persuadirla para que viajemos los cuatro la semana entrante, si tú estás de acuerdo. ¿Y qué tal si no le agrado a la hermosa dama? Muchos me han dicho que soy un joven antipático.

EL FANTASMA: Tú eres un muchacho encantador, seguro querrá adoptarte de inmediato. Aunque no de su vientre, Turangalila siempre quiso tener la compañía de un infante, y la verdad que tú eres ese chico ideal con el que ella siempre soñó. ¡Amigo!, mi reloj marca las 12:00 p. m., si gustas te veo mañana en este mismo sitio antes de las 8:00 p. m.

EL PESCADOR: ¡Ave María!, mi pobre anciana debe estar muy preocupada. *Las horas pasan volando.* Que tengas un grato amanecer, señor de las tinieblas. Nos vemos mañana. Por favor, dale un fuerte abrazo de mi parte a esa exquisita y distinguida mujer.

EL FANTASMA: Te prometo que lo haré, amiguito. Ve con Dios y la Virgen. Hasta mañana.

EL PESCADOR: Hasta mañana, buen amigo.

***

EL FANTASMA: Linda noche, ¿cierto?

EL PESCADOR: Hasta un ciego diría lo mismo. ¿Llevas mucho tiempo acá? Te traigo malas noticias, señor de la oscuridad.

EL FANTASMA: Mi verdadero nombre es Arnulfo. Al salir de la casa, me detuve por un minuto a observar el firmamento, entonces pensé: creo que hoy habrá un intercambio de buenas noticias, pero parece que me equivoqué, porque yo sí te traigo una gran noticia.

EL PESCADOR: ¡Albricias! Dime, ¿cuál es el mensaje que tienes para mí? Yo me llamo Albert.

ARNULFO: Mi esposa quiere conocerte esta misma noche. Le conté todo sobre nuestro viaje por el océano, el gran debate sobre la pintura, la enfermedad de tu abuela... en fin, creo que no se me escapó una sola palabra de esa grata conversación que tuvimos anoche. Después de esto, no se demoró ni un segundo para decir que eres un niño encantador y que, pase lo que pase, quiere llevarte a vivir con ella. También me dijo que haría de ti un ilustre y reputado pintor, y que además te enseñaría a tocar el piano, cantar ópera con ella, entre otros.

ALBERT: ¿En serio eso te dijo?

ARNULFO: Sí, ni un vocablo más ni un vocablo menos. Ahora quiero saber qué fue lo que te dijo tu abuela.

ALBERT: Un supuesto cura fue a visitarla hoy por la mañana, y le dijo que él podía curarla en cuestión de semanas. Ella cree que se va a curar, y dice que ya no me necesita; fíjate que hoy, nomás le dije algunas palabras respecto de su último viaje, y se enfadó conmigo; tanto le irritaron mis palabras que hasta me asestó algunos latigazos. Tal parece que el dicho cura la hizo cambiar de opinión de una manera radical. Lo siento, amigo, yo en verdad quería darte una buena noticia, te lo juro.

ARNULFO: Descuida, niño, eso no altera mis designios. Yo navegaré esta misma noche, ¿quieres venir? Turangalila aguarda por mí en el barco. Ella quiere que tú vengas con nosotros, no quiere retornar sola.

ALBERT: Es obvio que quiero ir con ustedes, pero... ¿y mis cosas?, no traigo nada conmigo, tú no me dijiste que navegarías tan pronto.

ARNULFO: No necesitas nada, tú y mi esposa se regresan mañana a primera hora. Simplemente quiero despedirme de ella en el océano.

ALBERT: ¿Qué estás diciendo? ¿Acaso piensas morirte mañana?

ARNULFO: Claro que no. En el barco hay un pequeño bote para ustedes; yo espero navegar alrededor de tres meses.

ALBERT: ¿Y qué pasa si no feneces en tres meses?

ARNULFO: Entonces moriré un poco más cerca del gran puerto donde seguro mi padre aguarda por mí. Navegaré hasta encontrar mi último destino.

ALBERT: ¿No crees que es más prudente despedirte de ella de una vez esta misma noche? Así nos evitas el fatigoso trabajo que implica remar en pleno verano.

ARNULFO: Esto lo planeamos con mi esposa hace ya varios años, por favor no intentes sabotear nuestro plan; si no quieres venir con nosotros, está bien, yo no tengo ningún inconveniente con eso, puedes quedarte.

ALBERT: No importa, buscaré a Turangalila cuando esté de regreso.

ARNULFO: Si tú no abordas la nave con nosotros, ella jamás regresará; navegará conmigo hasta arribar al gran puerto, dado que ya no tiene razón o motivo algunos para retornar a casa, siempre y cuando tú no cambies de parecer.

ALBERT: ¡Qué paradoja! ¿Acaso no sería yo móvil suficiente para que ella vuelva por mí?

ARNULFO: Lo dudo, aún no te conoce.

ALBERT: ¿Y qué pasó con la pintura? ¿La viste otra vez?

ARNULFO: No la vi, la contemplé como jamás lo habría hecho antes. Ahora estoy colmado de un alma perfecta, pura y redimida. Esa obra insufló en el fuero de mi corazón la esencia de la eterna felicidad y del amor verdadero; todo, gracias a ti. Yo quisiera quedarme unos días más en mi casa, pero no puedo, el destino me dice que debemos zarpar esta misma noche.

ALBERT: Me alegro mucho por ti. Espero puedas disfrutar de tu último crucero tanto como te sea posible. Yo me regreso a casa ahora mismo.

ARNULFO: Es una pena que te vayas sin conocer a mi esposa, después de lo entusiasmado que aparentabas estar.

ALBERT: Lo siento, amigo, pero esta tarde, mientras vendía los últimos pescados que me quedaban, llegué a la casa de una señora y conocí a una chica de incomparable belleza. Saltó de emoción desde el primer instante en que me vio, luego se acercó a su madrina (la señora), preguntándole quién era yo; la doña, que ya me había visto antes, atendió muy gentil a la bellísima joven en cuanto le decía que, si lo deseaba, podía ir a pescar conmigo al río todas las veces que quisiéramos.

ARNULFO: ¡Vaya suerte la tuya, muchacho! Ahora comprendo tu renitencia respecto del viaje. ¿En verdad crees que le gustas a la chica?

ALBERT: Ella se despidió de mí con un beso francés que duró no menos de cinco minutos.

ARNULFO: ¡Vaya!, sí que le tocaste el corazón a esa jovencita; por favor, dale un fuerte abrazo de mi parte. Mira, para que veas que no soy malo contigo, toma este manojo de llaves; mi casa es tuya.

ALBERT: Muchísimas gracias, señor de la oscuridad. También le mando un abrazo cariñoso a tu gran señora, dile que la veré en el gran puerto cuando llegue mi hora de zarpar. Que tengas un buen viaje, entrañable amigo.

ARNULFO: Así será, mi preciado muchacho. Cuida de tu adorable chica y que sean eternamente felices. Hasta siempre, admirable pescador nocturno.

ALBERT: Hasta siempre, benévolo marinero.

GERMÁN Y JOSEPH
(Amigos por siempre…)

GERMÁN: ¡Amigo, Joseph!, todos en el barrio andan diciendo que tu padre acaba de llegar a los Estados Unidos; ¿eso es verdad?

JOSEPH: Mi padre se fue del país hace apenas una semana, amigo. ¿Cómo puede haber tantos chismosos en este pueblo?, no puedes desaparecerte por unos días porque ya todos creen que te fuiste en busca del 'sueño americano'. A tu padre no lo vi ayer, tampoco hoy.

GERMÁN: Mi padre se encuentra muy enfermo. Él jamás nos abandonaría.

JOSEPH: Mi padre no nos abandonó, simplemente se cansó de vivir en la miseria, así que no lo culpo. En unos días yo también pienso aventurarme en esos caminos, y creo que tú deberías hacer lo mismo.

GERMÁN: Primero rézale a la Virgen porque vuestro padre pueda alcanzar la meta. Sé de muchos que intentaron este mismo viaje y jamás regresaron.

JOSEPH: No importa si él llega o no a los Estados Unidos, yo me largaré por mi cuenta. Ya me harté de ser vejado y despreciado por todos los burgueses de este maldito barrio. Tengo planes, y voy a luchar por estos sin importar cuántas veces fracase; saldré de esta repugnante y maldita miseria que durante años hemos sobrellevado, ya verás.

GERMÁN: Se requiere de un par de buenas monedas para viajar. Mi padre es de los que creen que se puede vivir y ser feliz en la pobreza.

JOSEPH: Tu padre es un miserable resignado, emularlo será tu fracaso. Mi papá hizo lo imposible por convencerlo para que viajaran juntos a Norteamérica, pero no, fue un esfuerzo fallido. Ahora que yo intento hacer lo mismo contigo tampoco tengo éxito.

GERMÁN: Sé que mis progenitores son muy pobres y solo ven la miseria de los demás, sin embargo, te juro que yo no soy del mismo parecer de ellos. No tiene caso pensar en el sueño americano cuando ni tú ni yo guardamos un maldito centavo en nuestros bolsillos.

JOSEPH: Ya te dije que estoy pergeñando un plan. Ahora tengo una idea de cómo conseguir algo de dinero. Sé que es algo ilícito, incluso una profanación de la casa del Altísimo; no importa, lo haré. Si todos los pordioseros somos hijos de Dios ¿por qué no intentar hacer algo por nuestras vidas? No te preocupes, los miserables solo pecamos ante los ojos de los mortales, nunca ante los ojos del Creador; en otras palabras, nunca pecamos.

GERMÁN: ¡Ah, no! ¿Quién te dijo semejante disparate? Todos somos pecadores ante los ojos del Mesías, amigo, desde los más potentados hasta los más menesterosos como nosotros. Morir en la pobreza no es una cobardía, tampoco una resignación; ahora, aquel que intenta huir de ella, violando los cánones bíblicos, ese sí es un cobarde. ¿Qué es lo que planeas hacer para conseguir el dinero?

JOSEPH: La semana pasada acompañé a mi madre y mi abuela a la misa dominical; jamás había concurrido a la casa del Mesías. Es increíble el número de objetos litúrgicos que adornan ese templo divino. Con tu ayuda y un poco de suerte creo que puedo adquirir algunos.

Cuando digo que solo pecamos ante los mortales, me refiero al castigo inmediato que cobramos de estos al intentar sustraer de ellos el más insignificante objeto; pero como tú y yo sabemos, eso no es pecado.

GERMÁN: Sin importar su dimensión, el hurto tiene que ser condenado siempre. Pero… ¡hurtar cosas de la iglesia! ¿Acaso ya perdiste la cordura? Ni lo sueñes, amigo. ¿Y este es tu magnífico plan que pergeñaste? Ahora entiendo por qué hablaste de profanación. Sabes que te aprecio muchísimo, mas no consentiré que realices tu proyecto absurdo sin antes comunicárselo a tu madre. No quiero ser parte ni cómplice de tu plan, mejor no debiste decirme nada.

JOSEPH: Si no le quieres entrar, está bien, una cosa sí te advierto: si esto llega a oídos de mi madre, algo peor llegará a oídos de la tuya. ¿Sabes qué es lo más trágico del asunto? Que tú no estarás en casa para escuchar la noticia

GERMÁN: ¿En serio serías capaz de asesinar a tu único amigo por algo tan insignificante?

JOSEPH: A mi amigo no, a un enemigo sí, y tú, sospecho que estás a escasos minutos de convertirte en este que hasta la fecha yo jamás imaginé. De verdad que no entiendo el porqué de tu renitencia respecto a mi proyecto. ¿Acaso no recuerdas cuando me rogaste que te acompañara a robar bananos a la finca de don Andrés?

GERMÁN: Ambos teníamos mucha hambre ese día. Yo no estoy juzgando tu plan por el simple hecho de hurtar cosas, sino porque más que un robo es una terrible profanación.

JOSEPH: No amigo, eras tú quien se encontraba famélico esa mañana que hurtamos aquel puñado de bananos. Yo, como soy tu amigo entrañable no quise dejarte solo. Te juro que no es ninguna afrenta a la santidad del Mesías. Todas esas cosas que se encuentran en el interior de esa parroquia deben cumplir una función. Quiero decir que todos esos objetos litúrgicos de gran valor debieran servir a los más necesitados, en este caso, tú y yo. Al tomarlos para una buena causa, solo estamos haciendo justicia con algo que el Divino nos depara en favor de nuestras pobres y miserables vidas.

GERMÁN: Si es así como tú dices, entonces digámosle al párroco que nos los done; justo los que se requieren para emprender la empresa.

JOSEPH: Eso no, amigo. Es como el novio ingenuo que se enamora de una chica y comete el error de presentarse ante los padres de la joven cuando ni siquiera la ha besado. No siempre funciona, amigo, te lo digo por experiencia propia. Si quieres una chica, búscala siempre a ella, solo a ella. En nuestro plan, nosotros requerimos exclusivamente de los susodichos objetos, no del sacerdote que preside dicha iglesia. Al presentarnos ante el cura, no solo profanamos el santo templo, sino además nuestro designio. Amigo, Dios no necesita objetos litúrgicos, Él solo quiere nuestras almas. Somos tú y yo quienes precisamos de tales cosas. ¿Acaso crees, querido amigo, que lo que hay en el interior de ese templo vale más que nuestras almas?

GERMÁN: De ninguna manera. Aunque también debemos considerar que no todas las almas valen solo por el hecho de ser almas.

JOSEPH: Los pecados son del cuerpo, no del alma.

GERMÁN: ¿Quieres decir que no hay almas perdidas?

JOSEPH: Y jamás las habrá. Hay cuerpos enterrados en los camposantos y mucha gente deambulando por las calles y las plazas públicas, pero no almas. ¿Tú alguna vez viste un alma pidiendo limosna? Imposible. Las almas no exigen ni dan nada.

GERMÁN: ¿Y cuál es el fin de estas?

JOSEPH: Ya te lo dije, no conducen a ninguna parte. Están donde el Mesías quiere que estén.

GERMÁN: ¿Dónde?

JOSEPH: Están volando a nuestro alrededor. Se ríen a carcajadas de nuestras 'acciones humanas', mas nunca se atreven a decirnos nada.

GERMÁN: Tal vez es porque el lenguaje de ellas es completamente ajeno al nuestro. Y si es así como tú dices, ¿por qué yo nunca he visto una?

JOSEPH: Este es el gran misterio de las almas: ellas siempre nos ven a nosotros, pero nosotros raras veces las vemos a ellas. Es algo hermoso porque nos ven no para juzgarnos, sino para 'contemplarnos'. Claro, siempre y cuando estemos realizando una obra digna de contemplar, porque si no es así, entonces se alejan de nosotros.

GERMÁN: ¿Qué pensará tu alma respecto de tu nuevo plan?

JOSEPH: Mi alma siempre está al pairo. Si tengo éxito me aclamará; si fracaso, simplemente se burlará de mí.

GERMÁN: Me temo que ya se está burlando de ti.

JOSEPH: A pesar de su vasto poder divino, ellas no pueden predecir el futuro, al igual que desconocen el pasado.

GERMÁN: Si desconocen el pasado, ¿cómo sabes que la que estás viendo –pues dijiste que las mirabas a tu alrededor– es tu alma y no la mía, o la de cualquier desconocido?

JOSEPH: Eso no importa, ya que son como las estrellas del firmamento, que, aunque tú siempre alces la vista a una sola, las demás brillarán igual para ti. Todas las noches antes de irme a dormir contemplo una estrella; cada noche elijo una diferente, no obstante, en mis sueños todas resplandecen silenciosas en la ventana de mi tugurio.

GERMÁN: ¿Y qué pasa esas noches de tormenta cuando el cielo está nublado? Me temo que tú nada sabes ni de las estrellas ni de las almas. Si aseveras que las almas vuelan en derredor de nuestros cuerpos, ¿por qué yo nunca he visto una y tú sí?

JOSEPH: Tal vez porque aún no has descubierto tu *conciencia trascendental,* la única que nos permite tener contacto directo con ciertos entes metafísicos. Amigo querido: yo no sé nada de química ni de física, tampoco sé tocar un instrumento musical, pero de lo que sí estoy seguro es de mi *intuición espiritual.* En las noches de diluvio no las miro, simplemente las escucho.

GERMÁN: Yo también estoy dotado de *sentidos metafísicos* al igual que tú, con la única diferencia que mis estrellas siempre están ahí, más rutilantes que el mismo sol, incluso en las noches de tormenta. Esto es que tengo una conciencia trascendental mucho más cultivada que la tuya; claro, yo escucho, leo y contemplo mucho mejor que tú.

JOSEPH: ¡Escuchar, leer y contemplar mejor que yo! Qué hermosa tríada. Me encantaría saber a qué haces referencia con los susodichos verbos.

GERMÁN: Es la clave secreta para encauzar todo el caudal metacultural que solo los alemanes han visto. A través de la música exacta, escucho la voz del Cosmos; mediante la contemplación de una pintura, veo su rostro; y, por medio de la lectura, finalmente lo comprendo. Solo aquel que gravita en el interior de esta tríada procura tener comunicación directa con la *Memoria cósmica.*

JOSEPH: ¡Vaya talento, amigo! ¿Qué tal si hubieses terminado la primaria?

GERMÁN: Lo mismo digo yo de ti. A veces te pierdes en elucubraciones, pero me gusta eso. Hay ocasiones en las que yo también suelo hacerlo. «… ¿acaso no hay libros capaces de hacernos vivir más en una hora que la vida en veinte penosos años?» hace decir Oscar Wilde a uno de los personajes de su ensayo titulado *El crítico como artista.*

JOSEPH: También hace decir, creo que al mismo personaje del diálogo: «Es a través del arte, y solo a través de él, como podemos alcanzar la perfección…».

GERMÁN: Ya me acordé, quien dijo eso fue GILBERT. Y es que es el único que habla en este ensayo, pues ERNEST no hace más que formular preguntas; claro, buenas preguntas. De todos modos, el ensayo de Wilde es un diálogo exquisito, eso sí. ¿Y acaso no es esta la felicidad a la que se refiere mi padre? O sea, que la perfección espiritual de los miserables como nosotros sí es posible.

Me hubiese gustado no formar parte de tu proyecto indecoroso, pero si tú te vas, ¿con quién voy a conversar yo en este pueblo plagado de zafios e incultos? Creo que al principio cuando me mostré un tanto apático respecto de tu plan, me olvidé por completo de esas disquisiciones metafísicas con las que esporádicamente nos deleitamos.

JOSEPH: De alguna manera, tu padre tiene razón, aunque debo decir que le faltó agregar algo: *Se puede ser feliz en la pobreza siempre y cuando no falten la riqueza espiritual y el poder intelectual.* En referencia a lo que te comenté sobre las almas, creo que no terminé de convencerte. Yo solo digo que las almas llegan hasta nosotros del mundo externo; bueno, del mundo celeste; así que estas no corresponden en absoluto con las acciones de nuestro cuerpo; por eso te dije que las ánimas simplemente vuelan en derredor de los auténticos seres humanos como tú y yo.

GERMÁN: ¿Quieres decir que no todos somos dignos de poseer un alma?

JOSEPH: Efectivamente. Dios creó muchos cuerpos, pero pocas almas.

GERMÁN: Yo más bien creo que los cuerpos son creación humana, a diferencia de las ánimas que son propias del ingenio divino. Esto es que nunca sabremos cuál es exactamente nuestra verdadera alma. Tal vez jamás lleguemos a saberlo. Como sea que fuere, la culpa no es de uno sino de nuestras madres. Por desgracia solemos nacer, casi siempre, en el momento menos indicado. Si estas mujeres (mamás) fuesen un poquito más instruidas te aseguro que yo ya habría encontrado mi alma, el alma perfecta que el Divino creó exclusivamente para mí.

JOSEPH: Mis padres se enojan conmigo cuando les digo que ellos jamás pensaron en mí el aciago día que me procrearon.

GERMÁN (riendo a carcajadas): Aciago para nosotros, amigo, porque estoy seguro de que ellos sí disfrutaron al máximo de ese 'mal momento'. Ni modo, somos un maldito accidente. Somos, probablemente, el fruto de una 'mala noche de pasión y lujuria' de nuestros progenitores, pero sin considerar en absoluto las consecuencias. Al menos esto nos sirve de ejemplo para que no incurrir en tan grave equivocación.

JOSEPH: Aunque carentes de alma tal vez, aún estamos aquí, aún tenemos tiempo para darle un buen giro a nuestras vidas o, mejor dicho, a nuestra manera de vivir. Conjeturo que tienes razón cuando dices que las ánimas solo pueden brotar de las manos divinas del Altísimo.

GERMÁN: No son más que comentarios nublados de ironía, tú lo sabes bien. Tanto de ha dicho sobre las almas que al final nadie ha dicho nada.

JOSEPH: ¿Acaso no es esa una de las principales peculiaridades del sabio? *Aparentar que dijo todo cuando en realidad no dijo nada.*

GERMÁN: Claro, porque *es justamente cuando el sabio cree que no ha expresado nada cuando en verdad lo ha expresado todo.*

JOSEPH: Ya basta de elucubraciones y retornemos mejor al tema central de nuestra discusión. Ese inagotable tema de las almas dejémoslo mejor para lo que será el transcurso de nuestro osado y largo viaje, del que estoy casi seguro, no volveremos jamás.

GERMÁN: Lo más seguro es que seamos arrollados por esa estrepitosa bestia que algunos pordioseros le llaman *tren*. Amigo, la verdad que no creo juntar tanto valor como para 'abordar' esa máquina despiadada y asesina.

JOSEPH: Por ahora lo único que me importa es que me acompañes a la parroquia a sacar nuestros objetos litúrgicos que seguro serán muchos.

GERMÁN: ¿Qué estás diciendo? Tú dijiste que solo requeríamos de unos pocos.

JOSEPH: No si le tienes pánico a esa máquina demoledora. Así que viajaremos en autobús, que es menos arriesgado empero mucho más costoso. Además, tenemos que pagar para que nos puedan extender unos documentos falsos. Con estos podremos cruzar México sin ningún problema.

GERMÁN: ¿Y qué hay del viejo centinela que vigila el templo?

JOSEPH: ¡Ah!, no había pensado en eso. ¿Tienes alguna idea? Sospecho que la mejor opción es asesinarlo antes de que él se nos adelante a nosotros.

GERMÁN: ¡Quitarle la vida!, cómo se te ocurre. Yo tengo una muy buena resortera; si logro dar en el blanco, puedo dejarlo inconsciente por unos minutos; entonces cogemos nuestras cosas y nos largamos de inmediato.

JOSEPH: ¡Genial!, por algo eres mi amigo. Creo que pensar en un mejor plan es imposible. Esto es lo que haremos: ambos entraremos por el campanario, y recuerda que debemos ser muy sigilosos; una vez que hayamos descendido hasta el púlpito, identificamos cuál es la posición del guardia, lanzas la piedra y listo. Yo también llevaré lista mi resortera.

GERMÁN: Hagámoslo, no tenemos otra opción. Por cierto, Joseph, ¿has recibido alguna llamada de tu padre?

JOSEPH: Ni llamada ni mensajes, amigo. Esperemos, Dios mediante, que no haya sido aniquilado por esa máquina despiadada.

GERMÁN: No seas pesimista, tal vez es que no ha podido comunicarse aún, o bien, lo tienen secuestrado al pobre. En ese largo y penoso camino suelen ocurrir tantas desgracias a los inmigrantes que no sirve de nada traer a colación ahora. ¿Y tu madre qué dice?

JOSEPH: Esa pobre mujer, al igual que mi abuela, se la pasa todo el día rezando. Yo le digo que no sirve de mucho, pero nunca me escucha. Hay que ser realistas, rezar solo sirve cuando no pides nada al Señor. Sucede que esa gente que jamás exige nada, porque tiene todo, es la que más recibe, paradójico pero cierto.

GERMÁN: Dice en las Escrituras que *Dios ama al dador alegre*, ¿es verdad?

JOSEPH: A cambio de la piedra que le darás al guardia, espero recibir los valiosos objetos litúrgicos.

GERMÁN: Podría ser un escopetazo.

JOSEPH: No lo dudo, y sería lo justo; pero no, triunfaremos, ya verás.

GERMÁN: Ojalá, porque morirse antes de los quince sería la peor desgracia de nuestras vidas.

JOSEPH: Hoy es miércoles, creo que podemos ir esta misma noche, ¿te parece?

GERMÁN: Creo que ya es de noche, amigo.

JOSEPH: De acuerdo, voy por mi resortera.

GERMÁN: Date prisa porque yo la mía siempre la traigo en mis bolsillos. A veces suelen cruzarse gallinas en mi camino, y, tú ya sabes, en estos tiempos tan difíciles, pecado es no matarla y dejarla que se vaya. Lo bueno es que en mi casa todos creen que son chachalacas y no las gallinas de la vecina.

JOSEPH: Me imagino, en mi casa también sucede lo mismo. Si gustas, acompáñame a buscar mi resortera; a mi madre no le gusta que yo salga de noche a la calle, especialmente cuando voy solo.

GERMÁN: Está bien, vamos. No olvides buscar además un par de talegas; seguro las vamos a necesitar.

***

JOSEPH (saliendo de un cuchitril): Traje dos talegas y un saco por si acaso.

GERMÁN: No dudo de que lo vamos a necesitar. Apúrate que las horas se van volando.

JOSEPH: Le dije a mi madre que me quedaría a dormir en tu casa esta noche, y sospecho que tú deberías hacer lo mismo. No es que yo sea pesimista, pero cualquier cosa podría pasarnos, amigo, tú lo sabes. Asómate al portón y dile que no te espere esta noche.

GERMÁN: Como quieras. Vuelvo en seguida.

JOSEPH: Mientras tanto yo iré caminando.

***

GERMÁN (jadeante): ¡Espérame!

JOSEPH: ¿Qué te dijo tu mamá?

GERMÁN: Lo mismo de siempre: «Más vale que no me estés mintiendo, niño». ¿Quieres una baleada?

JOSEPH: Ahora entiendo por qué te demoraste tanto. Cuando entré a mi cuarto por mi resortera, le eché un vistazo a la cocina y ni siquiera el fogón estaba prendido. Gracias, amigo.

GERMÁN: Hoy tuve suerte porque en mi casa el almuerzo es la cena.

JOSEPH: Y también el desayuno, al igual que en mi casa. Es increíble, algunos miserables, sin ser cristianos, somos los que más ayunamos. ¿Ya te imaginas si lo fuéramos?

GERMÁN: Supongo que a estas alturas de nuestras vidas y con la miseria que nos circunda estaríamos ayunando en el infierno.

JOSEPH: De esta noche depende que mañana estemos cenando como los dioses o, como dices tú, ayunando en el infierno. De todas maneras, mi querido amigo, creo que no es mucha la diferencia.

GERMÁN: Ya lo averiguaremos algún día. ¿Sabes qué hora es? Con este silencio sepulcral parece como si estuviéramos en un camposanto.

JOSEPH: En verdad que es extraño esto. Apenas son las nueve de la noche, pero parece como si fuese la una de la mañana. Presiento que algo va a salir mal esta noche.

GERMÁN: Aún estamos a tiempo, tú mandas.

JOSEPH: ¿Sabes cómo llegar hasta el campanario?

GERMÁN: No tengo idea, supongo que tú sí.

JOSEPH: Treparemos por ese mango, y una vez que hayamos alcanzado una altura considerable, nos arrojamos hasta el campanario. Si te fijas no hay más de cinco metros de distancia entre el árbol y la parroquia.

GERMÁN: ¿Y qué estamos esperando?

JOSEPH: ¡Vamos! Toma el saco, yo traigo las talegas.

GERMÁN: ¡Mierda! Hay muchas hormigas en este árbol. Al principio pensé que eran locas, pero no, ya comenzaron a picarme estas malditas peregrinas. Creo que lo más sensato es que me baje ahora.

JOSEPH: No digas sandeces que a mí también me están picando. ¡Mira!, desde aquí podemos lanzarnos. En el nombre de la Santísima Trinidad y antes de que el diablo lo sepa… ¡vamos, amigo! ¿Qué esperas?, arrójate ya, no tengas miedo.

GERMÁN: No puedo hacerlo, me tiemblan las piernas.

JOSEPH: Es una buena señal. A todo pájaro le tiemblan las alas justo antes de emprender su vuelo.

GERMÁN: ¿También tengo que persignarme al igual que tú?

JOSEPH: Sí, pero salta ya.

GERMÁN (saltando del árbol): ¡Gracias, Dios!, pensé que no iba a poder hacerlo tan bien como tú.

JOSEPH: ¿Te diste cuenta de lo fácil que es? Bien, ahora prepara tu honda y sígueme lo más sigiloso que puedas.

GERMÁN (hablando en voz baja): Está demasiado oscuro este lugar; esta lóbrega parroquia no parece que fuera el templo de Dios. Nos será imposible identificar al centinela.

JOSEPH: Escóndete debajo de esta mesa, yo encenderé una vela y la colocaré justo en el lugar donde lo necesitamos. Lo más seguro es que él, al ver la tenue luz de la vela, encienda alguna lámpara, pero no importa, aquí donde yaces ahora es imposible que el guardia pueda verte; nomás esperas el momento justo, y lanzas la piedra. Por favor no yerres.

GERMÁN: Sabes que yo nunca fallo. Toma estas canicas, y si en unos minutos no aparece, las comienzas a tirar al piso una tras otra. Lo más seguro es que ya se durmió.

JOSEPH: Está bien, dámelas. Ya sabes qué hacer.

GERMÁN: Ve a encender la vela.

JOSEPH (enciende la vela y se regresa al lugar donde aguarda su amigo): Hazte a un lado.

GERMÁN: ¿Qué pasó?, ¿por qué estás aquí?

JOSEPH: De todas las mesas, esta es la única que está cubierta con mantel, así que ambos aguardaremos aquí. ¿En serio crees tú que se encuentre dormido a esta hora de la noche? Aún falta para las 10:00 p. m. ¿Y si arrojo la primera canica?

GERMÁN: Tira tres a la vez.

JOSEPH (arrojando las canicas al piso): ¿Estás escuchando lo mismo que yo? Creo que ya lo despertamos. Prepara tu resortera que ya viene.

GERMÁN: Sí, es él, puedo verlo. Dejaré que se acerque un poco más.

JOSEPH: Debes soltar la piedra justo antes de que él apague la vela, sino lo perderemos de vista.

GERMÁN (tensando su honda lo más que puede, suelta la piedra): Te dije que yo nunca fallo; soy mejor que cualquier francotirador.

JOSEPH: Sin duda que lo eres, amigo. Ayúdame a atarlo de pies y manos, no quiero arriesgarme. ¡Mira qué buena escopeta! ¡Oh, también trae una pistola en la cintura! ¿Cuál de las dos prefieres tú? Sí que nos iremos de aquí bien armados, hermano.

GERMÁN: Yo quiero esa escuadra. Toma este pañuelo y tápale la boca, podría despertarse en cualquier momento.

JOSEPH: Me temo que este pobre hombre jamás volverá a ver la luz del día.

GERMÁN: Es imposible que lo haya matado con esa pequeña piedra. De todos modos, eso lo sabremos mañana.

JOSEPH: Pues comienza a llenar tu saco de todos estos objetos dorados. Primero toma los de oro, y si caben algunos de plata, tampoco los dejes.

GERMÁN: Ya no cabe un alfiler en mi saco.

JOSEPH: También llenaste las bolsas de tus bomberos, ¿cierto? Ahora solo déjame revisar esos cofres; con suerte puedo encontrarme un par de monedas.

GERMÁN: Mis bolsillos igual están repletos, compañero. ¿Encontraste algo?

JOSEPH: Solo papeles, ¡vámonos!

GERMÁN: ¿Por dónde salimos?

JOSEPH: Sígueme, tengo la llave de la puerta principal. Lo siento por el centinela, no había otra opción. Que la Santísima Trinidad lo acompañe esta noche.

GERMÁN: Despertará con el primer resplandor del alba, ya verás. La piedra le impactó justo detrás de una oreja, así que no te angusties, él recuperará la conciencia en unas horas. ¿Dormiremos en tu casa?

JOSEPH: Claro que sí, ¿o acaso quieres amanecer en la calle? Y no estoy angustiado, amigo, fuiste tú el que lo asesinó. Jamás imaginé que a mis quince años sería cómplice de un delito de homicidio. Lo más seguro es que yo también acabe humillado tras las rejas. Al menos me reconforta saber que mi condena no será tan larga como la tuya; no creo que dure más de dos años. Ahora cierra esa puerta y ponderemos la calidad y el valor de estas cosas. ¿Recuerdas cuando me acerqué a los cofres? No encontré dinero, pero sí estas cartas apostólicas firmadas nada más y nada menos que por los sumos pontífices Juan Pablo II y Benedicto XVI. Estoy desconcertado, no sé cómo afrontar esta situación.

GERMÁN: Estamos juntos en esto, así que deja de farfullar palabras e intenta serenarte un poco. ¿Por qué no me dijiste nada de las misivas cuando estábamos en la parroquia? Entonces habríamos dejado los objetos litúrgicos. Esas cartas valen mucho más que todo lo contenido en estas bolsas. Claro, siempre que encontremos al comprador ideal. ¿Cuántas son en total?, porque te aseguro que, con una sola carta de estas, dado que está redactada y signada por el Padre Santo, triplicamos todo el valor contenido en estos costales. No quiero ser arrestado por la policía, hermano, y juraría que tú tampoco. Regresemos al templo, aún estamos a tiempo; vamos y coloquemos estos ornamentos y objetos litúrgicos en su lugar. Nomás esconde las misivas en un lugar seguro.

JOSEPH: Son nueve cartas, amigo, de las cuales cinco están firmadas por Ratzinger y las otras cuatro fueron signadas por Wojtyła. ¿En serio valen tanto estas cosas? Y si es así, devolvámonos a la iglesia ahora mismo. Te juro que solo tomé los sobres sin saber lo que estos contenían en su interior.

GERMÁN: Ya hablaremos de eso, no te preocupes. Para suerte nuestra apenas han transcurrido unos minutos desde que salimos cargados de la parroquia.

JOSEPH: Mis talegas pesan más que tu saco e incomodan mucho al momento de asirlas a mi hombro.

GERMÁN: Te quejas más que una niña.

JOSEPH: No tanto como la bebecita a quien hace aproximadamente una hora le temblaban las piernas en un árbol dizque por unas hormiguitas peregrinas que la picaban.

***

GERMÁN: Hablas demasiado. Dame la llave de la puerta. Supongo que el buen centinela no ha despertado aún.

JOSEPH (entregando la llave a Germán): Despierto o dormido, no podrá moverse, lo dejé bien amarrado de manos y pies.

GERMÁN (entra por la puerta principal de la parroquia seguido de su amigo): ¡Míralo!, qué bien duerme. Sí que le resultó asaz eficaz el elixir del sueño que le di. ¿Y qué hacemos con las armas de fuego?

JOSEPH: Lo más prudente es que se las dejemos al guardia, ¿no te parece?

GERMÁN: Primero terminemos de colocar estas cosas doradas que no son pocas, y luego, ponemos las armas en su lugar.

JOSEPH: No te esmeres tanto, así está bien. ¿Buscamos otra cartita? Creo haber dejado dos sobres en uno de esos cofres.

GERMÁN: Termina de colocar esas cosas, yo iré por las misivas, dado el caso que lo sean.
JOSEPH: De acuerdo, ve tú.

***

GERMÁN: En efecto, amigo, son dos encíclicas, y más antiguas que aquellas te cuento.
JOSEPH: ¿Identificas la firma de esas?
GERMÁN: ¡No lo puedo creer! Están firmadas por Pío XII, ¿qué te parece las joyas que habríamos dejado aquí?
JOSEPH: ¿Las dos son de Eugenio Pacelli?
GERMÁN: Efectivamente, hermano.
JOSEPH: ¡Genial! Trata de dejar los cofres como estaban. Gracias a nuestro Padre Eterno este vigilante está respirando. ¡Oh, Dios!, ¡qué alegría! Era lo que me tenía aturullado. Antes de que este pobre hombre recobre el aliento por completo, dame la pistola para enfundarla en su cinturón.
GERMÁN (entrega el arma a Joseph): Hemos coronado, hermano; todo nos ha salido perfecto. ¿Y estas llaves?
JOSEPH: Dámelas, estas también deben quedar en su lugar. ¿Y ahora qué demonios haces con ese ungüento?
GERMÁN: Estoy frotando la inflamación que le causó el golpe de la piedra; esto inhibe el dolor; entonces despertará y se mostrará impasible a lo acaecido esta noche. Decía mi bisabuelo que para que un plan resulte exitoso, no basta con actuar bien, sino satisfactoriamente bien.
JOSEPH: Tu bisabuelo tenía razón. ¿Terminaste con el paciente?
GERMÁN: Despertará en unos minutos. ¡Vámonos!
JOSEPH: Como tú digas. Déjame decirte que eres un genio, hermano.
GERMÁN: No tanto como tú.
JOSEPH: ¿Vendemos las encíclicas en esta semana, o aguardamos a que se entere la iglesia? Seguro mañana mismo se hará pública la noticia del robo; aunque lo dudo; he notado que esta iglesia solo abre para las misas dominicales.
GERMÁN: Después de todo lo que hicimos esta noche, nadie imputará sino al guardia. ¡Pobre centinela!, le tocará pagar la peor condena de su vida por un delito que él jamás cometió.
JOSEPH: Al menos no lo asesinaste.
GERMÁN: No esta noche.
JOSEPH: ¡Explícate por favor!, ¿quieres?

GERMÁN: ¿Cómo reaccionarías si te dijeran que estas encíclicas no valen un solo centavo? No sé qué pensamientos invaden tu mente ahora, pero a mí me parece bastante extraño que estas valiosas cartas apostólicas las guarden en esta parroquia cuando deberían estar en manos del cardenal o a merced de cualquier otro prelado de la comunidad eclesiástica.

JOSEPH: ¿Dices que estas podrían ser espurias?

GERMÁN: Sí, y te lo digo con franqueza.

JOSEPH: ¿Por qué alguien falsificaría documentos de esta clase? Con eso que acabas de decirme, hasta ya se me fue el sueño. Si te fijas en las cinco firmas de Ratzinger, verás que todas son idénticas.

GERMÁN: Que sean exactamente iguales no determina su autenticidad. Ni tú ni yo conocemos perfectamente la firma de Benedicto XVI. Estos sobres los pudo haber firmado cualquiera, al igual que esos que tienen los nombres de Karol Wojtyła y Eugenio Pacelli. Mañana conseguimos un teléfono celular que tenga acceso a Internet, buscamos la firma original del Sumo Pontífice correspondiente y la comparamos con las que están signadas en las cartas. No encuentro mejor manera de acabar de una vez con esta maldita incertidumbre que me subyuga hasta las vísceras.

JOSEPH: ¿Puedes abrir esa ventana por favor? El calor estival es insoportable.

GERMÁN: ¿Acaso se puede abrir?

JOSEPH: Solo tira de ella con fuerza.

GERMÁN: En este caso sí creo en ese dicho popular que dice que lo importante no es la fuerza sino la maña. Yo me rindo, mejor ábrela tú.

JOSEPH: Olvídalo, de todos modos, es mejor que esté cerrada. Si la abro tal vez disminuya el calor, mas no habrá transcurrido ni un minuto cuando unos cien zancudos o más estén cruzando esa ventana; entonces te verás obligado a donar sangre involuntariamente.

GERMÁN: ¿Tienes un cigarrillo?

JOSEPH: Toma, fuma los que quieras.

GERMÁN: Solo quiero distraerme un poco en cuanto purifico mis pulmones con este buen Marlboro. En mi casa tengo prohibido encender un cigarro.

JOSEPH: Querrás decir que es prohibido para ti, porque a tu papá sí lo he visto fumando en reiteradas ocasiones. ¡Vaya paradoja! Un padre fumador censurando a su hijo para que este no haga lo mismo. Como que él no comparte el imperativo ético de *predicar con el ejemplo*.

GERMÁN: No todas las meretrices son hijas de prostitutas, amigo, ni todos los genios son hijos de sabios.

JOSEPH: Los hijos de Bach intentaron emular a su padre.

GERMÁN: Pero ninguno de los veinte superó al insigne maestro. Dicen que todo hijo que adopta la profesión de su padre y no lo supera, se convierte entonces en la peor deshonra tanto de su progenitor como del mundo que lo circunda. Yo por eso evito en lo posible emular a mi padre, pues sé que jamás seré mejor fumador que él. Empleé el verbo *superar* en vez de *igualar*, porque yo prefiero ser inferior respecto a otro antes que digan que estamos al mismo nivel o que somos iguales. Por ejemplo, si yo fuese boxeador, te juro que jamás aceptaría un empate, prefiero mil veces la derrota.

JOSEPH: Sería una derrota con sabor a gloria.

GERMÁN: ¿Qué opinas tú de esos preclaros intelectuales que rechazaron el premio Nobel?

JOSEPH: No sé quién fue el primero que lo rechazó, pero en mi vaga opinión, ese tipo es el único que se merece el mérito y el respeto de todos por haber rechazado el premio. Si después de este alguien más se rehusó a recibir el susodicho galardón, hizo bien, es que en verdad no lo merecía.

GERMÁN: No lo sé, tal vez tú sí tengas razón. Yo solo digo que un empate no es más que una doble derrota.

JOSEPH: Sí que lo es. Pero volviendo al meollo del asunto, ¿tienes idea de dónde podemos encontrar al coleccionista perfecto que nos compre las misivas? Lo primero que nos preguntará (mira la hora y el día en que te lo estoy diciendo) es que cómo y dónde las obtuvimos. Con un poco de suerte él mismo nos entregará a la policía.

GERMÁN: Trata de atemperar tu maldita e injustificable paranoia. Hasta el momento todo nos ha salido de maravilla; por favor no me desconciertes y déjame que medite un poco al respecto. No recuerdo bien si fue en un libro donde leí que *Todo aquello que se hace con parsimonia y sosiego, siempre resulta mejor.*

JOSEPH: ¿Y qué pasa si ya estás con la soga al cuello? ¿Actuarás también con parsimonia?

GERMÁN: Si gustas, puedo acabar con esto ahora mismo.

JOSEPH: ¿Qué es lo que planeas hacer con las cartas?

GERMÁN: Quiero quemarlas.

JOSEPH: Pero ¡qué dislate, Ave María!, ¿cómo se te ocurre? ¿Acaso perdiste los estribos? Después de todo lo que tuvimos que soportar.

GERMÁN: Yo no tengo prisa, amigo.

JOSEPH: ¿Y si nos dividimos las cartas? Son once, pero como el de la idea fui yo, creo que merezco quedarme con al menos una más que tú. Y para que mires que soy justo, te daré dos de Ratzinger y dos de Juan Pablo II a cambio de una de las tuyas.

GERMÁN: ¿Y luego qué?

JOSEPH: Yo sigo firme en mi plan. Venderé estas cosas y luego me iré a los Estados Unidos. Dios mediante, espero regresar a mi país en veinte años, cuando tenga mi empresa de por lo menos trescientos empleados, con un ingreso anual no inferior a los sesenta millones.

GERMÁN (con gesto sardónico): ¡Increíble!, un amigo opulento.

JOSEPH: Por favor no te burles. Mejor dime qué quieres ser: si mi socio o mi subordinado.

GERMÁN: ¿Y cuál es la diferencia?

JOSEPH: ¿Quieres dar o recibir órdenes? Claro, estoy pensando a futuro.

GERMÁN: Nunca damos nada al Creador, sin embargo, de Él lo recibimos todo.

JOSEPH: ¿Y qué has recibido tú?

GERMÁN: ¿Te parece poco esta grata llovizna acompañada de ese melodioso gorjear de los pájaros? *La sinfonía cósmica de los pobres* le escuché decir a mi bisabuela una grata mañana de invierno; desde entonces, la lluvia y el trinar de los pájaros siempre me recuerdan a ella.

JOSEPH: Nunca le preguntaste el porqué del adjetivo *pobres*.

GERMÁN: Tal vez lo dijo porque los pobres no contamos con los recursos económicos suficientes para asistir a un teatro de primer nivel, en donde las mejores orquestas sinfónicas del mundo interpretan las más exquisitas composiciones musicales de todos los tiempos. Recuerdo que un día me dijo: «En caso de que haya otra vida, sobrinito, le rogaré al Altísimo para que me dote de una voz y gracia divinas como lo hizo con la mezzosoprano italiana Cecilia Bartolli».

JOSEPH: ¿Y tú qué le pides al Mesías para la otra vida?

GERMÁN: Para la otra, nada, nomás le imploro por esta: le suplico que no me inmortalice tan joven como lo hizo con el venerable Pergolesi; bueno, a pesar de su rapto teofánico prematuro, el insigne compositor italiano nos legó un patrimonio musical inefable al igual que divino; basta escuchar su *Salve Regina*. Pero nosotros, hermano, aunque lo intentemos, jamás crearemos algo digno, ni de ver ni de escuchar, mucho menos de contemplar. En otras palabras, compadre, estamos condenados, pero me gusta eso.

JOSEPH: ¿Por qué hablas en plural? Ya te dije que en un futuro me convertiré en un gran empresario. Seré ese tipo potentado con el que siempre sueño. Entonces podré frecuentar los teatros y museos más icónicos del mundo y de mi predilección; hasta le pagaré a las mejores orquestas filarmónicas para que acudan a interpretar mis obras favoritas desde la comodidad de mi ostentosa mansión.

GERMÁN: Eres demasiado ambicioso. Primero, vende las encíclicas; segundo, intenta llegar a los Estados Unidos; tercero, trabaja y ahorra tanto dinero como te sea posible; cuarto, crea tu empresa; y, por último, cuando ya tengas a esos trescientos obreros trabajando para ti, coges el teléfono y me llamas.

JOSEPH: ¿Llamarte para qué?

GERMÁN: Para preguntarme si aún quiero ser tu socio.

JOSEPH: O mi empleado.

GERMÁN: No importa, para mí no hay diferencia entre estos, ya te lo dije.

JOSEPH: Siendo socio de mi empresa ganarás diez veces más de lo que ganarías en caso de que fueses un simple empleado. ¿Acaso no ves la diferencia, hermano?

GERMÁN: La verdad que yo no quiero ser socio ni empleado de nadie.

JOSEPH: ¿Cuáles son tus designios si se puede saber?

GERMÁN: Quiero ser un ángel.

JOSEPH: ¡Un ángel! Ya veo que la literatura inglesa te está haciendo mucho daño.

GERMÁN: Sí, un ángel, porque este es perfecto y además no se corrompe como los humanos.

JOSEPH: Según mi abuela, cuando nace un 'ser humano', sin importar su linaje, es un ángel.

GERMÁN: Efectivamente. Al nacer todos somos perfectos al igual que divinos, esto es, somos ángeles.

JOSEPH: Supongo que esta es la razón por la que muchos aseguran que los niños, cuando mueren prematuramente, se van directo al Paraíso celestial. También he escuchado en algunas conversaciones de adultos que los ancianos en su vejez vuelven a ser niños, o al menos piensan como estos. No sé si este 'pensar infantil' les será suficiente a ellos para alcanzar al igual que aquellos la 'Vida Eterna'.

GERMÁN: ¡Pensar infantil! Demencia senil, diría yo.

JOSEPH: Opino lo mismo.

GERMÁN: Sinceramente, no entiendo por qué el Divino no me llevó antes a mí, es decir, cuando aún era un ángel.

JOSEPH: No te preocupes, seguro Él enviará pronto por ti. Y, ahora que ya amaneció iré a pedirle prestado el teléfono celular a mi mamá para corroborar la autenticidad de las encíclicas. Espérame aquí, ya regreso.

GERMÁN (observando a su amigo que salta por una ventana): No te demores.

***

JOSEPH (con un celular en su diestra): Lo tengo, amigo. ¿Qué firma quieres que busque primero?

GERMÁN: Ve al buscador del navegador y escribe: Juan Pablo II.

JOSEPH: Aquí aparece una biografía de él.

GERMÁN: Bien, ahora busca su firma.

JOSEPH: La tengo, hermano. Pásame la carta, veré si puedo hacer el cotejo de firmas. Acércate y observa.

GERMÁN: No veo diferencias entre una y la otra. No hay duda de que estas son las cartas originales del Sumo Pontífice, pero todavía nos falta hacer el cotejo de las otras dos firmas.

JOSEPH: Ya las estoy comparando y también son idénticas. Ven a corroborarlo tú mismo.

GERMÁN: ¿Y ahora qué hacemos?

JOSEPH: ¡Espera! Estoy tratando de averiguar cuál podría ser el valor aproximado de estas encíclicas.

GERMÁN: Con cinco mil dólares me conformaría. No requiero más que eso para construir una buena cafetería digna de frecuentar. Bueno, no sé realmente cómo denominarla, porque será mitad librería y mitad cafetería. Es decir que mis clientes disfrutarán de su café acompañado de una estimulante lectura; y supongo que todo aquél que haya quedado fascinado con la lectura como con el café, querrá llevarse el libro a su casa, entonces lo comprará.

JOSEPH: Tú y yo somos los únicos lectores de este pueblo, hermano, y con un solo cliente es casi imposible que tu negocio no vaya a la quiebra.

GERMÁN: Creo que te olvidaste de la otra mitad. No hay quien no tome café en todo el municipio. Los libros, de hecho, son una 'segunda opción', sin embargo, en cada mesa de mi sobrio establecimiento yacerá una obra literaria de primerísima clase.

JOSEPH: Desde ya vaticino la quiebra de tu empresa, empero respeto tu decisión.

GERMÁN: ¿Encontraste algo relativo al precio de las cartas?

JOSEPH: Aquí aparece la venta de una encíclica de Karol Wojtyła vendida en el mercado negro por dos mil quinientos dólares.

GERMÁN: Supongo que un coleccionista experto nos las pagaría mejor. De todas maneras, yo no tengo prisa, puedo esperarme un buen tiempo hasta que aparezca el comprador ideal.

JOSEPH: Pues yo en unas horas me habré deshecho de las mías, y mañana por la tarde ya no estaré en mi país. Pensé que viajaríamos juntos.

GERMÁN: Lo siento, hermano, mi padre está muy enfermo y no quiero dejar a mi madre sola. Yo sé que anoche te dije que estaba dispuesto a emprender el viaje contigo porque no quería quedarme solo en este pueblo y sin un amigo con quien conversar. Y te juro que sentiré mucho tu partida y la ausencia que esta conlleva; tú sabes bien que te aprecio como a un hermano, ese que nunca tuve. Lo que me cuesta asimilar ahora es el porqué de tu premura.

JOSEPH: Sabía que lo dirías. Te explicaré el porqué: no sé a qué se debe, pero en este mes del año la iglesia solo abre para las misas dominicales, es decir, que nadie se enterará de la pérdida de los susodichos documentos sino hasta el domingo.

GERMÁN: Mientras no las vendas, nadie va a delatarnos.

JOSEPH: Solo un orate daría a conocer tan valioso tesoro.

GERMÁN: ¿Y qué tal si la parroquia ofrece una cuantiosa gratificación a cambio de estas?

JOSEPH: Eso es imposible, amigo. Solo negociaré mis cartas cuando me encuentre en la ciudad. Tengo un tío que puede ayudarme. Tú nomás esconde tu tesoro en un lugar seguro y despreocúpate. Por cierto, te dejaré tres de mis encíclicas para que las conserves ocultas junto a las tuyas. ¿Me harás el favor?

GERMÁN: Solo si me prometes que no vendrás por estas hasta que no haya transcurrido por lo menos un lustro.

JOSEPH: De hecho, creo que es lo más justo para ambos.

GERMÁN: Tenlo por seguro, jamás te decepcionaré.

JOSEPH: Muchísimas gracias por todo, mi entrañable amigo. Quisiera seguir conversando contigo, pero tengo que irme y creo que tú también, ¿cierto? Seguro que tu madre está muy preocupada por ti.

GERMÁN: ¿Volveremos a vernos?

JOSEPH (abrazando a Germán): Te juro por Pergolesi que volveremos.

GERMÁN: ¿Ya se lo dijiste a tu madre que te vas?

JOSEPH: Le dije que me voy a la cuidad en busca de empleo.

GERMÁN: Que el Divino te proteja, mi buen hermano.

JOSEPH (saliendo del portón de su casa): Adiós, querido Germán.

GERMÁN (dirigiéndose a su casa): Te estaré esperando con un buen café.

JOSEPH (gritando como a noventa metros de distancia): Y un buen libro.

GERMÁN (hablando en voz baja): No creo que regreses, estimado Joseph; no importa, apartaré ese libro para ti; bueno, para mí.

LA CEGUERA DE AMÍLCAR Y LA TÍA CLARA

AMÍLCAR: Ya cumplí los doce años y aún no miro nada. ¿Dime, querida tía, qué fue lo que te dijeron los médicos respecto a mi enfermedad? Te ruego que por favor me digas la verdad.

CLARA: Tú sabes cómo son los médicos de este país, nunca dicen la verdad; o casi nunca. Recuerdo que una vez, hace ya cinco años, fui a consultar al médico (odontólogo) porque me dolía una muela. Llegué a la clínica, esperé unos minutos y luego el doctor me hizo pasar a su consultorio. Al instante me quedé impresionada, no podía creer todo lo que estaba viendo. En aquellas cuatro paredes no había más que pinturas de todos los períodos y estilos, desde el Barroco hasta el Surrealismo; también había en aquella armoniosa sala, un hermoso piano de cola y una pequeña colección de libros. Al percatarse el médico de que mi estado de estupefacción era tal que no me permitía articular palabra alguna, se fue directo al piano y empezó a tocar una pieza de Bártok. Después de transcurridos diez minutos dejó al compositor húngaro y se puso a interpretar a Chopin. En aquel momento yo no sabía si estaba en un hospital o en el Paraíso celestial. En mi vida imaginé estar contemplando una pintura arrobadora (*La niña enferma* de Munch para ser puntual) a la vez que escuchaba el más exquisito nocturno del divino compositor polaco. No fue hasta después de haber interpretado aquella exquisita pieza musical por lo menos cuatro veces, que aquel gentil hombre dejó de tocar el soberbio instrumento mientras pronunciaba estas palabras: «Si te gustó el cuadro de Edvard Munch, te lo regalo, para que termines de contemplarlo desde la comodidad de tu hogar. Jamás ingresó aquí un paciente que se impresionara tanto al ver esos cuadros; y como tú fuiste la primera, he resuelto obsequiarte la luctuosa obra de este venerable maestro». Así que no vacilé en recibir el sublime obsequio que puse sobre una mesa por un instante. Luego, y sin pronunciar palabras, me acerqué al especialista lo más que pude; tan cerca estaba yo de él que su nariz casi rozaba mi frente; entonces, sujetando sus hombros con mis manos y empinándome disimuladamente, le di un buen beso en la boca. Después de varios minutos, quité mis manos de sus hombros y me aproximé a la mesa donde yacía mi más preciado regalo, miré al odontólogo por última vez y le dije adiós. Creo que no le gustó el beso que le di.

AMÍLCAR: Sin duda, una experiencia inefable, querida tía. Yo creo que el beso sí le gustó; lo que le disgustó, quizá, fue que de pronto abandonaras su consultorio. Espero que un día no muy lejano yo también pueda disfrutar de ese delicioso beso francés, porque no creo que haya sido un *ósculo santo*. ¿Y qué pasó con tu dolor de muela? Y ese cuadro que dices, ¿por qué nunca me hablaste de él?

CLARA: Lo cierto es que no debí decírtelo. Lo del cuadro era un secreto que no pensaba manifestarlo a nadie hasta que tú te hubieses recuperado de la ceguera. El dolor de muela desapareció en los primeros segundos cuando comencé a presenciar toda la belleza artística que emanaba de aquellas paredes ornamentadas con los mejores cuadros de preclaros pintores. Y respecto al beso, querido sobrinito, no tengo la menor duda de que fue un beso lujurioso, pero tú no te preocupes, pronto tendrás una novia que te dará no solo uno, sino muchos besos lujuriosos.

AMÍLCAR: Yo creo que tú puedes darme esos besos, tía. Estoy pensando que un beso de tu boca puede acabar con mi maldita ceguera. Entonces contemplaremos juntos la obra melancólica de Munch.

CLARA: De acuerdo, te lo daré, pero no hoy, mi querido niño.

AMÍLCAR: Acabas de decirme que besaste a un desconocido en menos de media hora. No tienes que consultárselo a nadie, solo es un simple beso.

CLARA: Es que no es un simple beso, jovencito; de hecho, ya te he besado en varias ocasiones; bueno, todas las noches antes de irme a mi dormitorio beso tu rostro angelical; y no me digas que estoy mintiendo porque te doy un halón de orejas.

AMÍLCAR: Y te juro que, si no fuera por esos vibrantes ósculos de ternura que tú me das todas las noches, jamás podría conciliar el sueño; mas nunca te equivocas.

CLARA: ¡Que nunca me equivoco! ¿De qué hablas, mi niño?

AMÍLCAR: Me refiero a que tú –por accidente tal vez–, beses mis labios.

CLARA: Yo sí he besado tu boca. Claro, solo lo hago cuando estoy plenamente segura de que tú estás dormido. Por ejemplo, siempre que me levanto a tomar agua le echo un vistazo a tu recámara; entonces aprovecho –si no estás despierto, desde luego– para robarle un beso a tu meliflua boquita. La cantidad de besos depende de qué tan profundo sea tu sueño. He llegado a contar hasta cuarenta besos en menos de un minuto, y, aun así, no te despiertas nunca.

AMÍLCAR: No sé por qué, pero sospecho que todo eso que acabas de decirme no es más que un subterfugio.

CLARA: Si hay una persona en este mundo, y que yo en mi vida engañaría, te juro que esa persona eres tú.

AMÍLCAR: Si dices que besas mi boca cuando estoy dormido, significa que hay un deseo latente en ti que te obliga a hacerlo. Si en verdad te gustan mis labios, ¿por qué no me besas ahora? ¿Cuál es el problema? Nada cambiará entre tú y yo, querida.

CLARA: Si tuvieses la facultad de ver como yo, no dirías lo mismo.

AMÍLCAR: ¿Qué dijiste? ¿Por qué ha cambiado el tono de tu voz? Parece que te has puesto melancólica.

CLARA: Cuando tu madre se fue de la casa y te dijo que te dejaba en las manos de la mujer más bella y encantadora del mundo, te mintió; estos son atributos de mi hermana, no míos. Yo soy fea, mi niño; y si beso tu boca no es porque quiero deshonrar a mi familia, sino porque tus labios son los únicos que puedo besar; pero te juro que a veces siento vergüenza, sin embargo, como tú lo expresaste hace un momento, siento el deseo de besarte. ¡Qué terrible es amar a un ciego y saber que ese amor está condicionado por una funesta ceguera!

AMÍLCAR: ¿En serio me amas, tía?

CLARA: Es un amor arcano y extraño; no importa, yo siempre te amaré. ¿Y tú me amas a mí, jovencito?

AMÍLCAR: Te amo, tanto como Rafael amaba a Julia.

CLARA: Siento así, ya no me digas tía, dime Julia, aunque yo no sea hermosa ni divina como ella. ¿Sabes qué es lo más irrisorio de todo esto? Que a pesar de que yo te llame a ti, *Rafael*, tu madre nunca sabrá de lo que estamos hablando; tú sabes bien a qué me refiero. Lo siento, sobrinito, no me gusta ocultarte nada respecto de tu madre.

AMÍLCAR: Pensé que también le habías comentado ese libro a mi madre. Con todo lo que me referiste de los dos personajes de esa obra, creo que es una joya de libro que todo ser humano, en especial aquellos que nada saben acerca del amor, debería leer. Y respecto a lo que dijiste de Julia, no vuelvas a repetirlo por favor; tú también eres preciosa, incluso más hermosa que la amada de Rafael.

CLARA: Tú eres el único a quien yo le comento todo lo que leo y escribo a diario. Y si quieres un beso lujurioso, está bien, te lo daré; pero jamás se te ocurra comentárselo a tu madre, porque esa loca bien que me manda fácilmente a la cárcel.

AMÍLCAR: ¿Me besarás ahora, tía?

CLARA: Eso quieres, ¿cierto?

AMÍLCAR: Por favor bésame ahora mismo.

CLARA (besando a su sobrino): ¿Te gustó?

AMÍLCAR: ¿Quieres ser mi novia, Julia?

CLARA: Ya veo que te gusta mi boca. Tú eres un ángel, mi amado niño; yo soy una bruja, en serio te lo digo. Los ángeles no pueden enamorarse de las brujas, aun cuando ellas estén perdidamente enamoradas de ellos.

AMÍLCAR: Las brujas tienen un aliento fétido; tú tienes la boca más meliflua del mundo. ¿Alguna vez te has acostado con un hombre, tía?

CLARA: Jamás pienso entregarle mi cuerpo a un hombre. El acto sexual es una actividad animal, no humana.

AMÍLCAR: No comprendo lo que dices.

CLARA: Digo que hasta las ratas tienen sexo.

AMÍLCAR: Los roedores también comen.

CLARA: Si dejo de comer por un día, me enfermo, o al menos no me sentiré bien; si dejo de ingerir alimentos por un mes, podría incluso perder la vida. Tengo veinte años, jamás he tenido relaciones sexuales con nadie y, sin embargo, aquí me tienes, y muy saludable para que te des cuesta. Por esto y más, me atrevo a decir que no existe parangón entre el sexo y el amor.

AMÍLCAR: ¿Dónde crees tú que se esconde el amor?

CLARA: En el corazón de la eterna felicidad. Desde ese momento, el amor se tornó sempiterno al igual que la felicidad. Todo acaeció en el Paraíso celestial. Se encontraba Dios conversando con uno de sus querubines cuando de improviso le expresó al ángel: «La felicidad es hermosa, pero le falta algo». Entonces inventó el amor, es decir, el corazón de la felicidad.

AMÍLCAR: O sea que el amor no habita en el corazón de la felicidad, sino que lo reemplaza en sí mismo. De ello inferimos –en virtud de lo que recién expresaste– que primero fue la felicidad y luego el amor. ¿O crees que yerro al inferir tal cosa?

CLARA: De ninguna manera, querido, creo que me has comprendido muy bien; eso que tú acabas de expresar sí que es algo digno de elogio, razón por la cual te daré otro beso. También comprenderás que todos nacemos con la felicidad, mas no con el amor, este viene después. Y es con esta *dación divina* del Señor cuando el ser humano descubre la felicidad.

AMÍLCAR: ¡Dación divina!

CLARA: Sí, efectivamente. Solo si viene de las manos del Altísimo.

AMÍLCAR: ¿Y qué me dices del odio?

CLARA: El odio no tiene nada de divino, dado que no viene de Dios.

AMÍLCAR: ¿Y de dónde viene pues?

CLARA: Viene de todas partes; incluyendo árboles, ríos, aves, y, naturalmente, el ser humano.

AMÍLCAR: ¡Vaya que me has dejado turulato! Sé condescendiente conmigo y por favor explícate, ¿quieres?

CLARA: Cuando un individuo corta un árbol no solo se gana el odio de este, sino el de todos los demás árboles, incluso las aves comienzan a odiarlo, unas más que otras, por supuesto.

AMÍLCAR: ¡Qué importa ser odiado por un árbol o un pájaro!

CLARA: Acuérdate que, aunque el odio no fue creado por el Mesías, los árboles y los pájaros sí, al igual que las fuentes de agua.

AMÍLCAR: ¿Cómo reflejan los pájaros ese odio hacia los humanos?

CLARA: Cuando su impetuoso y armonioso trinar comienza a desvanecerse. Yo pude experimentarlo una grata mañana de invierno cuando visité un zoológico de aves en donde había una cantidad de pájaros casi incontable. Me senté a escuchar el trinar de los pájaros cautivos por más de una hora. Al día siguiente decidí hacer un peregrinaje por una montaña virgen en cuanto escuchaba el melodioso gorjear de los cientos de aves que entreveía a través de los árboles; entonces me dije a mí misma: Ayer en el zoológico no escuché más que los estridentes disparos de una ametralladora en plena guerra, sin embargo, hoy, en el corazón de esta jungla, siento como si estuviese escuchando las mejores sonatas barrocas, clásicas y románticas. Sin duda que esa fue una experiencia única, imposible de olvidar.

AMÍLCAR: No voy a negarte que me has contado una historia fascinante; aun así, me parece que es un tanto descabellado pensar que los pájaros pueden llegar a odiar a la humanidad. Entiendo que a veces su cantar es apagado, pero esto no justifica que su corazón esté repleto de odio. De hecho, creo que las aves ni odian ni aman, simplemente están ahí, en cualquier paraje, cantando según el tiempo que la naturaleza les depara.

CLARA: Yo lo que creo es que tú eres aún demasiado pequeño para comprender estas cosas; no importa, un día serás grande y entonces comprenderás que lo que hoy te digo no es tan descabellado como creíste.

AMÍLCAR: Lo único que quiero es ser feliz contigo, ninguna otra cosa. De todas maneras, agradezco que me narres tus intrigantes y reveladoras experiencias.

CLARA: Yo solo quiero vivir para ti, y narrarte todo lo que invada mi memoria, a veces deleznable.

AMÍLCAR: Siempre y cuando no esté invadida por malos pensamientos o funestos recuerdos, te escucharé con entusiasmo.

CLARA: Descuida, yo desde niña aprendí a canalizar todos esos pensamientos, ideas e intuiciones que gravitan en mi cabeza. Y todo lo he logrado gracias a mis sosegadas y profundas lecturas. La felicidad pura, amado sobrinito, podemos encontrarla en un buen libro, en una sinfonía romántica o, en una pintura expresionista.

AMÍLCAR: ¿Quieres decir que yo no tengo opción? O es la música o me resigno a ser un infeliz el resto de mi vida. Aunque te juro que daría lo que fuese por descubrir esa felicidad que tú dices, antes de recobrar la visión; dado que llegara ese buen momento. No niego que la música –las sinfonías y los conciertos– se ha convertido para mí en el gran aliciente de mi ciega existencia; de hecho, eso es lo que me mantiene vivo después de ti. Quizá no te lo haya dicho antes, pero a veces imagino lo fatídico que resultaría para mí si un día fuese privado de mi capacidad auditiva; me temo que sería mi muerte, pues una persona que no es feliz, creo que tiene muy poco o nada qué hacer en este mundo.

CLARA: ¿Y qué hay de mis besos? ¿No descubres ni un ápice de felicidad en ellos? Yo también deseo ser feliz, mi amado niño.

AMÍLCAR: Tú te deleitas con la música, los libros y la pintura: ¿por qué no eres feliz? Yo, me siento feliz –al menos eso creo en ese instante– cuando me besas, así como cuando me hablas de cosas hermosas y trascendentales, pese a que no te comprenda como quisiera. Qué difícil es para un niño ciego asimilar las palabras de un adulto.

CLARA: Pensé que sí me comprendías. Me temo que no soy feliz porque nunca leo el mejor libro, no escucho la mejor composición musical y, supongo, que tampoco soy una buena contempladora; pero bueno, como sea que fuere, me conforta saber que mis besos irradian en tu corazón al menos un ápice de felicidad.

AMÍLCAR: La verdad que cuando hablé de no entender a los adultos, no me refería a ti, ya que para mí tú sigues siendo una niña; en efecto lo eres, y no por el hecho de ser virgen, sino porque tienes un corazón de niña; he ahí la correspondencia entre tu alma y la mía, y la fruición espiritual y estética que me provocan los efluvios de tu boca de ninfa.

CLARA: Te agradezco mucho por esas palabras halagüeñas, sin importar si tienen o no un referente real. Yo sé que no tengo las peculiares facciones de una ninfa, no obstante, mi amor por ti es inmarcesible; jamás habrá una mujer en este mundo que te ame como yo, ni siquiera tu madre. Y espero que no te enfades conmigo por lo que te voy a decir: mi hermana (mi supuesta hermanita) me ama más a mí que a ti. Por cierto, una vez me dijo que te adoptara a ti como mi hijo, pero, obviamente, no acepte: en primer lugar, porque yo apenas tenía catorce años, y, en segundo lugar, porque ya había despertado cierto amor por ti; un amor que difería en todos los sentidos posibles del amor maternal o ese amor que una tía suele encarnar por su único sobrino.

AMÍLCAR: Nada de lo que te digo a ti, mi amada Julia, carece de referente. Tú eres mi único referente, hacia donde canalizo mis emociones, sentimientos y expresiones. Espero que nunca te vayas de esta casa. Y si un día decides irte, por favor llévame contigo, no me importa cuál sea el derrotero. Y sobre eso que dijiste de mi madre, que te ama más a ti que a mí, no tengo ni la menor duda; tampoco exijo una explicación. Una madre tiene todo el derecho de amar a su hermana más que a su propio hijo, tal como yo te amo a ti y no a ella.

CLARA: No tengo idea de cuán inmenso puede ser el amor que los hijos demandan de sus madres. Al juzgar por la relación que entreveo entre tú y mi hermana, diría que hay un amor recíproco, sin embargo, muy apagado. A ambos les falta ese ápice de amor divino, del que yo sí estoy dotada; ese que siempre llega aunado con la felicidad. Esta es la razón capital por la que mis besos suelen provocar cierta fruición espiritual en tu corazón, pues más que pasión y lujuria, emanan rayos de amor celestial.

En cuanto a mi partida, no te preocupes, no pienso marcharme sola de esta casa; dejarte aquí, solo, sería como dejar mis ojos y llevarme tu ceguera. Te lo explico de otra manera: tú te convertirías en un vidente que busca a su amor ciego, y yo, sería una ciega buscando a una vidente que acaba de quedarse ciega.

AMÍLCAR: Es decir que mientras yo con tus ojos me busco a mí mismo, tú te confundes con mi ceguera. Por consiguiente, la única solución al problema es que tú regreses por mí, me des tus besos y yo tus ojos. Te juro que cuando tú me besas, pienso nomás en cosas maravillosas: una cascada en medio de una montaña, por ejemplo; un vasto vergel con flores de todos los colores y muchos colibríes musicalizando el maravilloso paisaje; un cielo estrellado acompañado de *Nocturnos* de Debussy, entre otros. Tus besos insuflan en mi ceguera una mirada metafísica. Aún ciego, mi adorable Clara, puedo ver fenómenos y cosas que algunos videntes jamás han visto; claro, todo en virtud de esos vibrantes y apasionados besos que tú me das, tal como si se tratara de una dación divina.

CLARA: No quiero casarme ni tener hijos, solo quiero ser feliz, y, como no soy egoísta, pienso en ti. Tú eres el único en este mundo que se merece mi felicidad, esto es, mi amor infinito. Este es el amor que descubrí —como tú dices— en tu mirada metafísica. Tus ojos tienen un matiz tan peculiar que es imposible atreverse a afirmar que son verdes, que son azules o grises. Diría que solo el Divino conoce el color de tus ojos, y solo Él sabe el porqué de tu ceguera, que seguro corresponde de alguna manera con la depravación extrema y la banalización irracional, tan predominantes en el mundo actual, en donde los jóvenes y los niños siempre son los más vulnerables al virus. Al virus de la televisión, de la computadora, del teléfono celular, entre otros. Me temo que el Mesías, por medio de tu ceguera, creé mantenerte a salvo. Él no quiere que te contagies como el resto de los jóvenes, mi adorable menino. Ahora presta mucha atención a esto que te voy a decir: cuando yo tengo un libro en mis manos, siempre pienso, previo a la lectura: ¡Qué maravilloso es este libro!, que jamás se descarga, no vibra ni timbra ni aparecen anuncios de videojuegos como en el celular, nunca se apaga ni se calienta, lo dejo caer al suelo y no se rompe, y lo más hermoso: contiene cientos de mensajes escritos por un solo contacto, el único que se puede guardar en un libro. Otra cosa muy peculiar de este: todos esos mensajes los puedes leer y dejar 'en visto' y nadie te reclamará por ello; ahora, si solo los dejas en visto y no los lees, entonces ese contacto (el autor del libro) te bloqueará para siempre y ya nunca volverás a saber de él.

AMÍLCAR: Cuando yo tenga un teléfono celular, no quiero registrar otro contacto más que el tuyo. Pienso en lo maravilloso que será escuchar tus mensajes de voz; saber que no recibiré otra llamada más que la de mi eterno amor; la voz melodiosa de mi delicada Azucena. La verdad que esto del celular es una locura, pues no pienso separarme de ti jamás. Nomás era una nimia conjetura. Creo que la mejor voz que uno puede escuchar y disfrutar en este mundo, es aquella que llega a nuestros oídos de manera directa e inmediata, es decir, sin nada que intervenga o la distorsione, como es el caso del superfluo celular, en especial si se trata de los adolescentes petimetres que todo lo tergiversan, incluyendo mensajes de texto, notas de voz, etc. ¿Podremos prescindir tú y yo de estos superficiales aparatos electrónicos sí o no?

CLARA: Si ambos anhelamos la eterna felicidad, me temo que es incluso obligatorio prescindir de estos. Además, si estamos siempre juntos tú y yo, es hasta paradójico pensar en un medio de comunicación electrónica. Tú lo dijiste hace un momento: *Nada que intervenga entre tu voz y la mía, es decir, tu ánima y mi ánima.* Peregrinaremos juntos hasta llegar al gran Palacio del Rey, ese que, sin duda, merecemos los dos: tú por ser un príncipe y yo por convertirme en su amada.

AMÍLCAR: Qué privilegio el mío, gozar del amor de una princesa que algunos solo han visto en películas, así como otros solo pueden imaginárselas tal vez porque leyeron alguna fábula; yo, en cambio, tengo a esa divina princesa aquí a mi lado, siempre la he tenido. Y la verdad que yo quiero ir contigo a tantos lugares hermosos, pero a ninguno a la vez. No olvides que tu ángel es ciego, y lo más bello y sublime que este invidente ha visto, no está en ningún lugar fuera de esta habitación. Fuera de esta habitación no hay nada para mí, si tus besos y tus palabras elogiosas y edificantes están aquí conmigo. No procuro más que tu presencia en esta casa. Mientras se escuche tu voz en cualquier rincón de este edificio, habrá una esperanza para este melancólico ciego, por momentos desdichado. Sabes, a veces pienso que aquel médico que tú besaste no era sino la reencarnación del Mesías, razón por la cual no volviste a verlo nunca más. Del mismo modo, pienso que tú tampoco eres mi tía biológica; lo mismo pienso respecto de mi madre.

CLARA: Si no quieres que vayamos a ninguna parte, yo encantada; nomás no se lo digas a tu madre (tu supuesta madre). Ella no solo me paga para que cuide de ti, sino también, para que te lleve al parque o a cualquier otro lugar donde tú puedas 'recrear tu mente'. Aunque ya me di cuenta de que tú eres un chico capaz de recrear la mente aun en presencia del demonio; esto no suele ocurrir con aquellos niños corrientes que andan por ahí corriendo en los parques y meciéndose en los columpios. Recuerdo la última vez que tú y yo fuimos al parque de diversiones: no parabas de llorar implorándome que te regresara de inmediato a casa; y no voy a negarlo, yo también lloré ese día. Me costó mucho comprender el motivo de tu llanto desconsolado, pero lo logré. Y sí que tenías razón. No hay ruido alguno que un espíritu cultivado pueda tolerar por mucho tiempo. Hay momentos en que los espíritus sublimes no soportan ni siquiera *el sonido del silencio*.

Solo apartándonos del hiriente bullicio de las masas lograremos salvaguardar la pureza e integridad de nuestras almas, tales y como nos las donó el Mesías. Así, pienso que es preferible llevar a los niños a la misa dominical en vez del parque de diversiones; claro, lo ideal sería llevarlos al teatro a escuchar los caprichos de Paganini, las sinfonías de Mahler o, los oratorios teofánicos de Georg Händel. Que me perdone Bach y sus maravillosas *pasiones apostólicas* pero mi panacea espiritual siempre será Händel. A veces pienso que si tu madre viviera aquí en esta casa yo me habría marchado hace años. Con tanta porquería que escucha esa mujer, creo que hasta me hubiese suicidado ya. Pero, imagínate, tú no serías mi Rafael ni yo tu Julia; en definitiva, un pecado imperdonable. ¡Ah!, por cierto, olvidaba decirte algo: me encantan las azucenas, son las flores más hermosas que mis ojos han visto, así que, muchas gracias por el cumplido, mi pequeño divino.

AMÍLCAR: No tienes nada qué agradecer, mi hálito de amor acrisolado. Soy yo quien debe agradecerte a ti. Tú lo sacrificaste todo por mí; por salvarle la vida a un ciego afligido que solo era capaz de pensar en la muerte. Ahora, mi barco cambió de derrotero, y con este, sentí que mi rostro también se transfiguró. Mi pasado es infausto, y no quisiera recordarlo nunca más, pero debo decirte que ahora que te tengo a ti, ya nada de mi vida pasada me afecta tanto como hace apenas unos meses, cuando no tenía nada, ni alma ni corazón, ni espíritu ni fe; nomás la angustia y la desesperación eran las encargadas de saetear mi infortunada vida. Quizá hasta parezca un tanto paradójico esto que ahora te digo, sin embargo, no lo es; te juro que no lo es, mi queridísima Clara.

Después de tantos años de sentirme circundado por cucarachas y ratas, hoy siento que mi alma gravita en un espléndido jardín celestial; no es porque tú me lo digas, es que, en efecto, me he transformado en un ángel; bueno, tus gratas palabras y tus besos hicieron la obra. Nunca nadie me dijo que me amaba; nunca nadie me dijo que se sentía feliz a mi lado; entonces llegaste tú y me lo dijiste. Hoy, me lo has demostrado, después de vivir doce penosos y largos años. Y ahora, en honor a mi remozada vida, la misma que tú has hecho patente, quiero glorificar mi alma en nombre del divino maestro barroco, el más egregio de todos, Georg Friedrich Händel.

CLARA: Nada mejor en este momento que una composición barroca. Nomás déjame buscar el disco donde tengo grabados todos los oratorios del susodicho compositor. Escucharemos *La Resurrección*, oratorio sagrado que tanto me fascina. Bueno, y a quién no, querido Amílcar, si es una obra excepcional. Te prometo que pronto…, en unas semanas por mucho, te llevaré al teatro a escuchar las mejores obras de la música exacta. Entonces sentirás cómo tu alma se eleva hasta que se transforma en un astro más del firmamento; esta no vuelve a descender en tanto que no hayas abandonado el teatro. Tales son esas vivencias teofánicas que es casi imposible encontrar las palabras adecuadas que nos permitan expresarlas de alguna manera. Claro, no todas las almas alcanzan el mismo estado de teofanización, como es el caso de mi hermana, quien asevera que la música exacta le suscita una terrible jaqueca.

AMÍLCAR: Disculpa que te interrumpa, mi querida Azucena, pero a mi madre, o mi supuesta madre como tú dices; bueno, como digo yo, no solo la música le causa migraña, sino también la lectura y la pintura, ¿no te parece? Porque una cosa es que no te guste leer y otra cosa es que leer suscite en el lector algún dolor o enfermedad, como es el caso de tu hermana. No me figuro yo a un lector serio –aun cuando se tratase de un lector bisoño– en un concierto de anuros; te juro que me es imposible imaginarlo. Sin embargo, los hay, ¡Santo cielo!, ¡qué paradoja! Nomás imagínate a un estudiante universitario que después de estar presente en un concierto de tal categoría se viene a su casa y se pone a leer a Goethe o a Thomas Mann. Digo estos nombres porque tú casi siempre sueles referirte a ellos con mucho entusiasmo.

CLARA: Paradójico pero cierto, querido; hoy te los encuentras en todas partes; lo peor es que no solo se trata de lectores estudiantes, sino que los mismos docentes son partícipes activos de tal descrédito. Imagínate a un amante de los conciertos de anuros (catedrático de la universidad), impartiendo la clase de *Filosofía del Arte, Metafísica, Fenomenología...* ¡Qué paradoja, Ave María! Sí que es una situación calamitosa; ¿y qué podemos hacer, querido...? Me temo que nada. Y respecto a lo que dijiste de mi hermana, sí, tienes razón, a ella le irrita todo; desde un libro, una pintura, y no digamos una obra musical. Pero bueno, ella ya no importa; de hecho, jamás me importó lo que hiciera o dejara de hacer con su miserable vida. Me interesa tu vida y nada más. ¡Ah!, por cierto, cariño, mi pasión por Thomas Mann comenzó desde que leí un libro suyo titulado Doktor Faustus; este me lo obsequió un gentil sacerdote y teólogo alemán cuando cumplí mis quince años. ¡Cómo olvidarlo!

AMÍLCAR: ¿Al clérigo o al escritor?

CLARA: Pues a los dos, porque sin uno me hubiese sido imposible conocer al otro. Bueno, quizá no imposible, pero imagínate hasta cuándo hubiese yo leído a Thomas Mann.

AMÍLCAR: Y también a Goethe...

CLARA: A Goethe y muchos más, querido. Si conoces al padre, lo más probable es que este te presente también con sus hijos.

AMÍLCAR: ¿En serio crees que Mann es mejor que Goethe?

CLARA: Tal vez no, pero debo decir que me fascinó más la lectura de *Doktor Faustus* que *Penas del joven Werther*. Esto tampoco tiene importancia, jovencito. Lo importante es leer, no para ser más inteligentes, sino para ser más 'bellos'. Y lo mismo opino respecto de la música y de la pintura. La belleza de un libro (libro de primera clase, eso sí), de una pintura (mejor si es barroca) y de una composición musical solo puede compararse con la belleza de Dios. Esta es la razón por la que los lectores disciplinados, los amantes de la música exacta y de la buena pintura somos los que más nos semejamos a la belleza divina del Mesías.

AMÍLCAR: ¿Y qué me dices de tu hermana?, ¿acaso no es bella?

CLARA: Ante la mirada lujuriosa de los mortales, ella es hermosa; ante los ojos del Altísimo, ella es horrible. Todo ente desprovisto de la mínima belleza espiritual (la única belleza que agrada al Todopoderoso), que se prepare para disfrutar de la magnificencia y la belleza del 'Fuego eterno'. Este es su último destino, al que será condenado por muchos años hasta que haya encontrado para sí mismo, por lo menos un ápice de belleza divina.

Ya me imagino lo difícil que resultará concentrarse en una lectura mientras las ardientes llamas envuelven el cuerpo del miserable lector.

Bien por nosotros que desde hace por lo menos un lustro dormimos envueltos en el fragante manto inconsútil del Señor.

AMÍLCAR: Si eso es así como tú dices, entonces los escritores destacados, tales como Mann, Goethe, Lamartine, Camus, Baudelaire, Wilde, entre otros; los egregios compositores de la talla de Händel, Purcell, Pachelbel, Pergolesi, Haydn, Boccherini, Mozart, Beethoven, Brahms, Berlioz, Paganini, Rachmaninov, entre otros muchos; y los excelsos pintores del nivel de da Vinci, Velázquez, Rembrandt, Murillo, Vermeer, Monet, Renoir, van Gogh, Cézanne, Delacroix... y muchos más, solo pueden estar en el Paraíso celestial.

CLARA: ¡Cómo dudarlo! Solo un necio diría lo contrario. Es obvio que todo aquel que ha creado obras divinas, tiene asegurado un portentoso palacio en la Vida Eterna, al igual que todos aquellos que participamos de esas creaciones estéticas y trascendentales que los susodichos maestros han creado para el cultivo del espíritu humano y la purificación de nuestras almas.

AMÍLCAR: Qué pena por tu hermana, mi querida Julia. Tal vez la pobre no tenga la culpa de verse imantada por esa imagen distorsionada que el mundo de hoy le depara día y noche. Ella vive inmersa en el mundo de la banalidad y la perdición, la insensatez y el tumulto. Y lo que es peor: esa mujer irreverente está plenamente segura de que ella es tan feliz como ninguna otra mujer lo fue jamás. Recuerdo muy bien una vez cuando me dijo: «Mientras no frecuente una discoteca conmigo, mi hermana jamás será feliz; lo mismo te digo a ti, mi adorable niño». Por esto y más estoy plenamente convencido de que esa mujer no es mi madre. Aunque debo decir que nunca la consideré como tal.

CLARA: Yo no la considero mi hermana, y tampoco siento compasión por ella, pero te juro, mi amado menino —seguro no me vas a creer—, que muchas meretrices han dado a luz criaturas divinas. Tú y yo somos un ejemplo manifiesto de ello. Te juro que no existe ni la más mínima diferencia entre tu madre y tu abuela; así que nosotros dos somos una especie de milagro, Amílcar de mi alma. Y, pues, tú sabes bien, que los necios y los libidinosos, poco o nada saben acerca de la felicidad, mucho menos del amor, que como te dije hace un rato, es el corazón de la eterna felicidad. Así, puedo asegurar que, a esas féminas, amantes de esas estrepitosas fiestas nocturnas, les fue denegada la dación divina.

AMÍLCAR: ¿Alguna vez te invitó un hombre a una fiesta nocturna?

CLARA: Me invitaban a diario, y todo por la culpa de tú ya sabes quién. Esa loca le daba mi número telefónico al primer cretino que se encontraba en la calle o en cualquier antro de mala muerte que ella solía y suele frecuentar aún.

No sé si te lo dijo –quizás–, pero recuerdo que una vez, hace unos cinco años aproximadamente, me irrité tanto con ella, que terminé dándole un fuerte puñetazo en su acicalado rostro. Y no me lo vas a creer, pero esa pobre estuvo no menos de veinte minutos tendida en el piso. Al observar cómo su cuerpo yacía inmóvil sobre aquel piso compacto, pensé que la había matado; entonces me acerqué y le tomé el pulso; así fue como me percaté de que aquella lujuriosa y disoluta mujer, nomás había sufrido un desmayo. Esa noche resolvió no asistir a la fiesta nocturna. Una semana después de aquel percance, del que yo había salido incólume, y como si el golpe la hubiese transformado en una joven comedida, de buenos modales, se acercó a mí de improviso, me abrazó como nunca lo había hecho, y se disculpó conmigo. Sé que estás pensando que era yo quien tenía que disculparse con ella, ¿cierto?

AMÍLCAR: Naturalmente. Y supongo que me lo explicarás ahora.

CLARA: Bien. Esa noche me enteré de que tu queridísima madrecita no solo ofrecía mi número telefónico a los hombres, sino también fotografías mías. Incluso llegó a tomarme algunas fotos cuando yo yacía dormida en la cama. Creo que esa fue la última vez que dormimos juntas. Y lo cierto es que nunca me sentí cómoda durmiendo con ella, por ratos sentía como si la cama fuese un hormiguero, o más bien un puñado de alacranes. Eran largas noches de insomnio, tan largas las sentía, que muchas veces me levantaba y me sentaba en una silla, con la intención única de entrever a través de las fisuras de algunas ventanas, el primer resplandor del alba.

Hubo noches que me quedé dormida en aquella silla, que por suerte tenía buen respaldar. Pero es obvio que en aquella cosa jamás encontraría el confort de una cama. Desgraciadamente, en aquel entonces, mi infeliz hermana solo frecuentaba las execrables fiestas nocturnas los fines de semana, imagínate lo que esto significaba para mí. La noche que siempre deseé todos los días que le preceden al sábado.

AMÍLCAR: Me imagino cuán fatigante era para ti dormir apenas una noche de la semana.

CLARA: Sí que era un infierno, te lo juro. Para suerte mía, aquel tormento no duró más que un par de años, pues luego nos mudamos a esta casa y entonces todo comenzó a marchar de maravilla. Al menos tenía mi propia recámara, y en esta ya no había alacranes ni hormigas. Y fue justamente a partir de nuestra mudanza, cuando la chica comenzó a trabajar de noche.

AMÍLCAR: ¿Y quién es la dueña de esta vivienda si se puede saber?

CLARA: Se supone que le pertenece a tu abuela… Bueno, le pertenecía. La vieja se marchó hace algunos años, con la intención de no regresar jamás. Dijo que quería vivir sus últimos años en el campo, donde seguro tiene también su digna vivienda. Y según unos documentos que tengo engavetados por ahí, tú eres el heredero de este fastuoso palacio.

AMÍLCAR: ¿Cómo se apoderó mi abuela de esta mansión? ¿Y por qué se largó ella sola? Me temo que la pobre no se encontraba bien de salud. ¿Acaso soy yo su único nieto?

CLARA: Cálmate, ahora te lo explico: tu abuela solo tuvo dos hijas, tu madre y yo, supuestamente; sabrá Dios por qué razón o motivo ella decidió desheredarlas a ambas. Bueno, tal vez fue por esto: una por libidinosa, a pesar de que ella fuera igual o peor, y la otra por ser tan púdica. De si estaba enferma o no, no tengo idea, pues nunca la oí quejarse de nada, y tampoco tomaba ningún medicamento. Tú sabes cómo son los viejos: con nada se conforman y todo les irrita.

AMÍLCAR: ¿Y tu hermana qué dice al respecto? ¿Ella sabe que yo soy el heredero de esta casa faraónica?

CLARA: Si supiera ya la habría vendido. Solo yo sé dónde están guardados esos documentos. Además, ella ni siquiera sabe que esta casa es de tu abuela. A pesar de todo, la libertina señora me guardaba más confianza a mí que a tu madre. Recuerdo que una vez me dijo: «He decidido heredarle esta casa a mi nieto, y quiero que tú te hagas responsable. Quiero que cuides de tu adorable sobrinito hasta que haya sido curado de su ceguera». Debo decir que en ese aspecto la mujer era muy optimista.

AMÍLCAR: Ella no era optimista, nomás trataba de decirte que me cuidarías durante toda mi penosa vida. Estoy seguro de que no quiso dar a entender ninguna otra cosa. ¿Estás dispuesta a cuidar de mí hasta mi último suspiro, sublime mensajera de Dios?

CLARA: Ni siquiera lo dudes, mi amado niño. No pienso ni quiero alejarme nunca de ti. Tú eres todo lo que tengo. Y no sé si es que ya perdí la cordura, pero, por ahora, solo deseo marcharme contigo a un lugar muy lejano donde nadie sepa nada de nosotros. El tumulto de la ciudad me irrita hasta los huesos, y sé que a ti también.

AMÍLCAR: Primero dale un beso a mi boca y luego te diré qué hacer.

CLARA (besando a su amado menino con pasión y ternura): No, ahora yo tengo la palabra; si hablas, lo juro por Händel que te daré otro beso –la exquisitez de los besos de Clara hacía enmudecer a Amílcar–; así que por favor no abras esa boquita hasta que yo te diga.

Mi madrina tiene una magnífica cabaña en medio de un vasto y variopinto vergel que sin duda te fascinará, especialmente por la grata y confortable brisa que sopla entre los árboles las veinticuatro horas del día. Hace unos meses que me dijo que estaba pensando en venderla. De hecho, hasta podemos permutar nuestra mansión por esa cabaña que ella tiene en el campo; la misma que está como a unos doscientos cincuenta kilómetros de la ciudad. A mi madrina le fascinan las casas como esta; lo más seguro es que cerremos el trato con ella. Veré si encuentro su número telefónico para marcarle ahora mismo; claro, si tú estás de acuerdo y ya recuperaste la voz.

AMÍLCAR: Sabes perfectamente que donde tú estés, ahí quiero estar yo. Solo yo.

CLARA (intenta llamar por teléfono a su madrina): No me contesta, le dejaré un mensaje de texto. Esperemos que no la haya vendido aún. Es que tú no te imaginas cuánto me regocijé ese día; el día que mi madrina me invitó a su cabaña. En mi vida imaginé nada más hermoso. Es un espléndido paraje donde solo reinan la paz y la alegría. El lugar ideal donde dos enamorados pueden ser eternamente felices. Con el primer resplandor del alba saldremos a correr por el jardín, al son del trinar de los pájaros, recibiendo con júbilo el aura mañanera que emana desde los árboles.

AMÍLCAR: Con todo lo que acabas de decirme no pienso sino en el Paraíso celestial. Lo que me desconcierta es el desconocimiento de tu hermana al respecto. ¿Qué sabe ella sobre esta casa? Porque esa mujer es una víbora, y tú lo sabes mejor que nadie.

CLARA: Y de las más venenosas, de eso no tengo ni la menor duda. Pero tú tranquilízate, ella no se enterará de esto. Lo único que mi hermana sabe de esta mansión, fue lo que le dijo tu abuela el día que nos mudamos: «Por el bien de mi amado nieto, alquilaré esta mansión por cinco años, luego ustedes se hacen cargo». Según la señora, en cinco años tu ceguera habría desaparecido. Lógicamente ella ya había hablado conmigo y explicado todo respecto de la herencia. Mejor para nosotros que tu madre ni siquiera sabe que yo tengo madrina.

AMÍLCAR: Deberías intentar llamarle otra vez a la señora de la cabaña.

CLARA: Tal parece que esta doña me dejó un mensaje de voz: dice que no está en la ciudad, pero que eso no importa; tú y yo podemos mudarnos hoy mismo a su cabaña de campo; que solo lleve todos los documentos en regla y que ella se hará cargo de todo lo demás. Claro, esa mujer es abogada; y, por cierto, el auto que tengo, no lo compré yo, me lo regaló ella cuando cumplí dieciocho. Recuerdo que se fue encantada de esta casa.

AMÍLCAR: ¿Y tú crees que esa cabaña vale lo mismo que esta mansión?

CLARA: La cabaña no, querido, pero el vasto vergel donde esta se erige, sí que lo vale. Es que es un jardín inmenso, no te imaginas cuán grande es esa cosa. Oso decir que es imposible recorrerlo todo en un solo día.

AMÍLCAR: ¿Y qué hay de tu hermana?

CLARA: Ya le envié un mensaje de texto explicándole que nos vamos mañana. Por lo que me dijo, no creo que regrese a la ciudad en lo que resta del año. Hoy es demasiado tarde ya, y como no me gusta viajar durante la noche, partiremos mañana, mi adorable menino. Tengo todo arreglado.

AMÍLCAR: De acuerdo, mi amada Julia; mañana será el viaje de mi vida.

CLARA: Lo mismo digo yo. ¿Quieres que me quede a dormir contigo esta noche?

AMÍLCAR: Esta y todas las que me quedan por vivir; vivir satisfactoriamente bien.

Por favor bésame, Azucena de mi alma; en honor a mi abuela, quiero gozar de una noche hermosa e inolvidable en esta casa, es decir, la más diáfana de las noches.

CLARA (besando la boca del chico lo estrecha frenéticamente contra su cuerpo): Te amo mi Rafael, te amo porque eres un ángel… Mi ángel.

SU ÚLTIMO DÍA EN LA ESCUELA
(Daniel y doña Matilde)

MATILDE: Conjeturo que el niño salió temprano de la escuela, porque es su primer día de clases.

DANIEL: Ningún primer día. Ni muerto quiero volver a esa maldita escuela. Un niño solo necesita aprender a leer y escribir, así que yo no necesito aprender nada; en todo caso, lo demás puedes enseñármelo tú. Incluso yo mismo puedo aprenderlo por mi cuenta. Por consiguiente, no vuelvas a despertarme temprano, deja que yo me levante cuando quiera. Los niños necesitamos dormir mucho, dicen los médicos, y para eso no se necesita ir a la escuela.

MATILDE: Pues iré a hablar con el director ahora mismo y le diré que te cambie a la jornada vespertina. Tu mamá trabaja muy duro para que tú te eduques y te conviertas en un ciudadano respetable y ejemplar como el que yo siempre soñé. Y si crees que la ausencia de tu madre te eximirá de cualquier castigo o amonestación, estás muy... pero muy equivocado, Danielito. Eso de que las abuelas toleran más a sus nietos que a sus hijos, tiene sus excepciones, jovencito, te lo digo por experiencia; yo crecí al lado de mi abuela, y gracias a ella soy hoy lo que soy.

DANIEL: *¡Lo que soy!* Nada. Y todo por culpa de tu abuela que, estoy seguro, ella nunca te enseñó más que cosas banales y absurdas.

MATILDE: Que Dios te perdone, niño irreverente. Tu tatarabuela fue una mujer muy temerosa de la palabra del Altísimo. Imagínate que todo lo que mi abuelo le dejó, lo destinó a las obras de caridad. Esa beata mujer dio de comer a cuantos hambrientos pudo. Disfrutaba de la vida frugal y casi siempre estaba sonriendo.

DANIEL: Pues en una foto suya, la que vi hace unos días, se la aprecia muy melancólica.

MATILDE: Si te refieres al cuadro que expongo en una pared de mi habitación, déjame decirte que sufriste un autoengaño: primero, porque no es una foto, sino una pintura; segundo, porque ese retrato no representa el rostro de mi abuela sino el de la tuya. Para desgracia mía (digo, de toda la familia), me fue imposible encontrar en vida de tu tatarabuela, un pintor que retratase por lo menos el busto de ella, ya que hace un par de décadas tampoco había fotógrafos en este desolado pueblo; apenas uno: el que asesinaron un mes antes de que mis ojos viesen fenecer a mi abuela. Era un tipo ejemplar y circunspecto cuyo trabajo no era más que tomarle fotos a cuantos se lo solicitaran. Solo Dios sabe en manos de quien están esas fotos que mi abuela ansiaba contemplar, aunque fuese en su último estertor.

Le habíamos encargado al buen fotógrafo, justo una semana antes de que unos maleantes le arrebataran la vida, varias fotos de mi abuela, y una foto especial en la cual yo abrazaba a mi querida señora. Ambas esperábamos, alegres y muy ansiosas, todas las fotos que aquel joven artista había ido a revelar a la ciudad. ¡Cómo olvidar la muerte de ese honorable caballero! Malditos criminales que no solo se llevaron la cámara, sino que además se embolsaron el sobre que contenía las fotos.

DANIEL: ¡Cuánto lo siento, abuelita! Siendo así, me gustaría saber quién fue ese ilustre pintor que te retrató en ese cuadro que exhibes en tu recámara.

MATILDE: Ese cuadro estupendo que tus ojos han visto es obra de mi marido. El mejor recuerdo que conservo de él. Había muchos cuadros de su autoría en esta casa, pero el día de su funeral, desaparecieron casi todos. Si tú las hubieras visto (aquellas hermosísimas pinturas), te quedarías petrificado; ¡por Dios que sí! *No entiendo por qué la gente talentosa se muere tan joven.* Al igual que Mendelssohn y Chopin, mi preciado marido tampoco llegó a cumplir los cuarenta años… Y fíjate qué cosa tan extraña: estos dos compositores siempre fueron los predilectos de mi esposo. Los escuchaba a diario; por la mañana pintaba escuchando las sinfonías y las oberturas del compositor alemán y por la tarde dibujaba al ritmo de los preludios y los nocturnos del maestro polaco… Sí que es extraño todo esto, ahora que lo analizo detalladamente. Sé que hubo otros preclaros maestros de la música exacta que vivieron incluso menos que los susodichos; o tal vez vivieron más… Qué importa, si mi marido jamás escuchó a otro compositor: o era Mendelssohn o era Chopin. No hubo día que no escuchara *El sueño de una noche de verano.* Te diré que murió escuchando esta sublime obertura. Feneció con una inefable sonrisa, la misma que evoco siempre que escucho esta exquisita obra. Ahora también es mi obra preferida, y al igual que mi amado pintor, deseo morir escuchándola.

DANIEL: Yo quiero morirme escuchando *Los maestros cantores de Núremberg* de Wagner. Debo decir que los italianos: Verdi, Bellini, Rossini, Donizetti, Puccini… compusieron óperas magistrales; pero las óperas de Wagner… las óperas de Wagner, abuelita, no tiene parangón en ese inmenso orbe de la ópera: ni sus predecesores ni sus coetáneos ni sus sucesores.

MATILDE: No sé por qué, pero de las extensas óperas de Wagner no tolero más que la primera hora. Para escuchar Tristán e Isolda, por ejemplo, preciso una semana.

Aún tengo presente el acontecimiento de aquella tarde dominical, que, por cierto, fue la primera y última vez que escolté a mi abuela al teatro a escuchar esta ópera. Antes de que se completasen las primeras dos horas, yo había abandonado el teatro. Entonces me introduje en la primera cafetería que vi y aguardé aquí hasta que apareció mi gentil señora; ella sí era amante de Wagner. Y la verdad que no siento vergüenza de expresarlo a nadie, pues bien decía Mahler que «...lo mejor de una obra musical es el comienzo, no el final».

DANIEL: En memoria de mi tatarabuela, escucharé Tristan e Isolda esta misma noche; espero que me perdone todas mis irreverencias. Y respecto a lo que dijiste de Mahler, abuelita, creo que es imposible que este preclaro compositor (redentor de almas perdidas), haya proferido semejante disparate. Nomás se trata de un subterfugio que el maestro solía emplear para serenar el agrio temperamento de su joven esposa, cuando ella (dizque compositor) le reclamaba: *¿Si sabes que mi obra no termina todavía, por qué abandonas el teatro?* Así que, esa frase que tú le atribuyes al primer esposo de Alma, yo estoy seguro de que en algún momento Mahler debió emplearla de la siguiente manera: *No habrá alma humana que se regocije escuchando las sinfonías de Gustav Mahler, en tanto no escuche el último movimiento de cada teofanía.* Es decir que *...lo mejor de una obra musical es siempre el final, no el comienzo.* Solo un necio osaría decir lo contrario. ¿Y sabes por qué no te gusta Wagner? Porque como le dijo Hugo Chávez a una diputada en un debate irrisorio: «Águila no casa moscas».

MATILDE: ¿Me estás comparando con un insecto, pequeño insolente?

DANIEL: Me refiero a las *moscas limpias* que tanto le gustaban a Salvador Dalí.

MATILDE (airada): Aquí no hay moscas limpias, pendejo; tu Richard Wagner y sus pinches óperas me importan un carajo; Mendelssohn es el mejor, no solo porque lo escuchara Álvaro, sino porque además fue el compositor predilecto de Johann Goethe. Y si el autor de *Fausto* y de *Penas del joven Werther* admiraba más a Felix que al mismo Mozart, no era simple casualidad, es que, en efecto, Mendelssohn es el mejor compositor de los alemanes, aunque algunos estúpidos digan que era judío.

DANIEL: Imposible que no lo hubiese asesinado Hitler, que tanto odio le guardaba a los judíos. ¿Sabes tú, abuelita, por qué los odiaba?

MATILDE: 'Hitler odiaba a todos...', con algunas excepciones, desde luego, tales como sus compositores favoritos Richard Wagner y Anton Bruckner, los grandes maestros de la batuta Wilhelm Furtwängler, Karl Böhm y Herbert von Karajan, entre otros; esto según algunos biógrafos del soberbio Führer.

DANIEL: Ah, bueno, entonces el compositor siempre habría estado a salvo, aun siendo judío.

MATILDE: ¿Tienes idea de en qué siglo vivió el compositor de mi obra favorita?

DANIEL: ¿Siglo XIX...?

MATILDE: Bien. ¿Y sabes tú en qué siglo acaeció la Segunda Guerra Mundial?

DANIEL: No lo sé, abuela.

MATILDE: Ahora comprendes por qué tienes que ir a la escuela, mentecato... Hitler nació cuatro décadas después de la muerte de Mendelssohn; estos dos jamás se conocieron, niño bobo. Piensa antes de hablar, ¿sí? Qué tal que hubieses proferido semejante disparate en la escuela ¡Qué vergüenza, Dios mío! El nieto de doña Matilde hablando puras incoherencias.

DANIEL: ¡Ya basta, por Dios! Te juro que, en esa escuela calamitosa, tu nieto es el único que conoce a Felix Mendelssohn. A nadie le importa la música exacta en ese salvaje instituto. Hoy que mi supuesta profesora se encontraba de pie frente al pizarrón, dizque tratando de explicarnos una suma de fracciones, de improviso, comenzó a timbrar el celular de ella; no te imaginas la porquería que escucha esa mujer... Entonces tomé mis cuadernos y salí despavorido del maldito e infecto salón de clases. No puedes obligarme a que regrese, abuelita; tengo motivos más que suficientes como para que me obligues a regresar a ese antro inmundo que los necios e incultos denominan *escuela*.

MATILDE: ¿Y qué piensas hacer? ¿Cuál será tu profesión? Dado que no te gusta la escuela.

DANIEL: No lo sé, me gusta estar contigo. Quiero que tú seas mi institutriz. Seré un buen alumno, te doy mi palabra; lo juro por Wagner. Es más, dile a mi madre que el dinero que tiene destinado para mis estudios formales, te lo entregue a ti.

MATILDE: Lo cierto es que yo puedo enseñarte en un año lo que la Academia no te enseñará en veinte penosos años; solo hay un problema, querido: tu abuela no te acreditará ningún diploma, y sin este, será imposible que encuentres un empleo digno, o medianamente digno. La verdad que para aprender a vivir solo tienes que aprender a leer, es decir, conocer *El arte de leer;* entonces, conocerás *El arte de vivir*. Yo, por ejemplo, lo poco que sé de la vida, lo aprendí cuando leí una compilación de ensayos de Oscar Wilde titulada *El secreto de la vida: Ensayos*. Si gustas puedes leerlo en mi Kindle. Se lee muy bien en esa cosa que me obsequió tu madre; claro, nunca como se lee un libro impreso.

DANIEL: Y según Oscar Wilde, ¿cuál es el secreto de la vida?

MATILDE: El arte, la forma y el sufrimiento.

DANIEL: Entonces seré pintor. Así, a través de mis pinturas, podré darle forma a mi sufrimiento, además de comprender el prístino secreto de la vida. Si mi abuelo fue pintor, por qué no intentarlo yo…, su nieto.

MATILDE: No lo estarías honrando únicamente a él, sino también a mí, Danielito. Si en verdad te gusta la pintura, cuenta conmigo, yo te apoyaré en todo lo que pueda; también he leído un poco sobre arte pictórico. Conservo algunos libros de historia del arte que te serán de mucha ayuda, si los lees, por supuesto. Pero me preocupa una cosa, querido nieto: ¿qué le responderé a tu madre cuando me pregunte por tus calificaciones? Y no digamos si se le ocurre pedirme fotos de estas. Es que te juro que jamás le he mentido a mi hija, ni siquiera imaginado.

DANIEL: ¿O sea que sí mentiste alguna vez?

MATILDE: Sí, lo hice una vez. Se trata de tu tatarabuela, que en paz descanse. Todo ocurrió, creo que la noche de un domingo, cuando su solícita nieta le llevaba su copita de vino a la cama; de improviso, ella me lanzó la siguiente interrogante: «¿Tienes novio, señorita?». Sí –le respondí de inmediato–. Entonces me lanzó una segunda interrogante: «¿Por qué no lo convidas a cenar con nosotros?». Yo le dije que él (mi novio) era muy tímido. Cinco años después –recién había cumplido yo los veinticinco años– conocí a Álvaro, tu abuelo, ese venerable pintor conservador, amante y estudioso de la pintura renacentista y barroca.

DANIEL: Tú sí que eras loca. No tenía caso que le respondieses de esa manera. ¿Mi abuelo vendió alguno de sus cuadros?

MATILDE: Tu abuelo vendió muchos cuadros, muchísimos. Recuerdo que, en su era de artista, vendía entre cinco y diez cuadros al año; y con el dinero recaudado de un solo cuadro, teníamos para sobrevivir dignamente unos cinco años, a veces más.

Mi respuesta a la interrogante de la abuela sí tenía caso, jovencito. Nomás ansiaba saber cuál era su opinión respecto al noviazgo. Supongo que ella pensó que yo debía casarme ya, ¡cómo no!, si esa gentil mujer tenía apenas dieciséis años cuando se casó con mi abuelo. Te diré que cuando yo cumplí los veinticuatro, comenzó a llamarme *La monja*; creía que su preciada Matilde ya no se casaría nunca; para suerte mía, un año después me enamoré de Álvaro, el primero y el último hombre en mi vida. Una vez que nos conocimos, lo invité a casa de mis abuelos, y catorce días después, celebramos nuestra fiesta nupcial.

DANIEL: ¿Tan rápido se casaron? Pero, siendo tú una mujer tan bella, ¿cómo es posible que no te hubieses enamorado antes?

MATILDE: De los muchachos que en alguna ocasión me invitaron a salir, no hubo siquiera uno que me dijera algo digno de escuchar, por eso nunca salí con ninguno. De nada servía de tuvieran cara de gente, si me bastaba escucharlos hablar por un minuto, para rechazar aquella invitación de inmediato. Durante hablaban conmigo no miraban más que mis senos turgentes, así como el niño mira el pastel que yace sobre la mesa. Te digo esto porque casi siempre llevaba blusas escotadas, no con la intención de seducir hombres, sino por el calor sofocante.

DANIEL: ¿Cuántos años tenía Álvaro cuando se casó contigo?

MATILDE: No me vas a creer, mi marido era un lustro menor que yo. Sin embargo, a ninguno de los dos nos importó aquella fútil diferencia de edad.

DANIEL: ¿Y cómo lo conociste?

MATILDE: Creo que Dios tiene destinado a cada uno de sus hijos, quien será su pareja en este mundo. A mí me tocó un pintor que era cinco años menor que yo, imagínate. Al joven artista lo conocí la mañana de un domingo, justo cuando me dirigía a la santa misa; mi reloj marcaba las 8:00 a. m., entonces alguien me tomó de la mano en cuanto me decía que necesitaba hablar conmigo lo antes posible. Yo le dije que tenía un minuto para hablar conmigo; él me miró a los ojos y de inmediato expresó: «Hay más vida que tiempo, señorita; gracias por salvar mi obra». Sus palabras desarmonizaron mis pensamientos, no obstante, unos minutos después, lo había comprendido todo. Aquel respetable caballero, tan digno de elogio, había escrito un poema para mí, pero le faltaba escribir el nombre del destinatario.

DANIEL: ¿Acaso ya lo habías visto antes?

MATILDE: Ni yo lo había visto a él, ni él me había visto a mí. Bueno, aunque el efebo artista aseveraba que me miraba todas las noches. Según me dijo, hacía un poco más de tres años que soñaba conmigo, y que me buscaba por todas partes, porque no había una sola noche en la que yo no apareciese en sus sueños, y lo peor del caso: yo siempre me presentaba en sus sueños vestida de blanco. Así que, según él, yo era esa mujer perfecta que el Mesías le revelaba por medio de sueños… sueños y teofanías. Pero lo más genial no fue el poema, sino un hermoso cuadro que el joven pintor había dibujado para mí. Me había retratado casi idéntica: mis ojos, mi boca, mi frente, mi nariz, mi cabello rizado, mi sonrisa… incluso el lunar que tengo a un lado del mentón era idéntico. Al ver aquel hermoso cuadro, me quedé anonadada, te lo juro. Terminó la misa, y yo sin darme cuenta, seguía entusiasmada conversando con Álvaro. Tanta era la felicidad que embargaba mi alma, aquella grata mañana dominical, que sin tener conciencia de lo que estaba ocurriéndome, besé la boca de aquel divino caballero, que seguro, sin que yo se lo solicitase, Dios me enviaba desde el Paraíso celestial.

DANIEL: La tuya es una historia romántica sin igual, abuelita. Dime que aún conservas ese cuadro. Ansío verlo lo antes posible.

MATILDE: ¡Pero si es el mismo cuadro que exhibo en mi recámara! Ya veo que serás un pintor mediocre, Danielito. No basta con ver una obra, jovencito; esta exige observación, la misma que te eleva al estadio de pura contemplación, es decir, el goce espiritual.

DANIEL: Lo que pasa que en ese cuadro no parece que tuvieras veinticuatro años, más bien parece como si tuvieras cincuenta; así te veo yo, abuela.

MATILDE: Si observas esa pintura durante cinco minutos, verás que, en esa obra trascendental, está retratada una chica de veinticuatro años. No eres el primero que me dice lo mismo respecto de ese cuadro, tu madre pensaba igual que tú; hasta que un día observó detenidamente el retrato, comprendió que esa pintura no representa sino a una joven mujer que aún no supera los cinco lustros.

DANIEL: ¿Y qué sientes, abuela, cuando te contemplas a ti misma en ese cuadro?

MATILDE: Me siento enamorada.

DANIEL: ¿Enamorada de ti misma?

MATILDE: No, enamorada del pintor. Puedo verlo, tal y como lo vi aquel domingo por la mañana. Su sonrisa es la misma, al igual que esas palabras halagüeñas que en vida expresara frente a mí; porque logro escuchar lo que me dice, empero no puedo tocarlo; si lo toco, la escena se interrumpe. Lo importante es que lo miro y lo escucho todos los días. Como ves, no estoy tan sola como parece.

DANIEL: Deberías vender ese lienzo, yo te haré uno mejor, te lo prometo.

MATILDE: Prefiero morir antes que profanar mi matrimonio. En ese cuadro está contenida toda mi vida. Si ese cuadro desaparece, yo fenezco ese mismo día, te lo aseguro. En esa pintura no solo está comprendida mi alma, sino también el alma de mi marido. Ese cuadro contiene dos vidas, razón por la cual se ha convertido en una obra invaluable. Si una vida vale mucho, imagina el valor de dos vidas. Preferiría morirme de hambre, antes que vender el más preciado obsequio que recibí de mi amado pintor.

DANIEL: Ya te lo dije, yo te haré el retrato perfecto.

MATILDE: Mejor hazle un retrato a tu madre, yo me haré cargo de enviárselo antes de que se entere que dejaste la escuela, porque, la verdad, no pienso decirle nada al respecto; al menos no por ahora. Nomás imagina la felicidad de tu madre cuando se entere de que su hijo, que apenas tiene siete años, la ha retratado. Claro, procura dar lo mejor de ti, pon tu alma y tu corazón en el pincel en cada línea que traces. Cualquier pintor bisoño puede dibujar una cara bonita, en efecto, pero de lo que se trata es de darle vida –que solo es posible desde la obra artística– a esa cara bonita; alquimia estética que muy pocos artistas y maestros de la pintura han hecho patente. Aquel pintor retratista… ese cuyos cuadros son mudos ante el espectador, tiene el mismo valor que un fotógrafo. Así que, decídete; y si te sientes incapaz de hacerlo, entonces te compro una cámara.

DANIEL: Me temo que mi retrato, al igual que todos, será mudo, pero qué importa, yo sé que este satisfará sobremanera a mi madre. Acaso vas a decirme que los retratos (esos que hablan como aseveras tú) tienen voz propia.

MATILDE: Ya te lo dije, mi querido nieto, algunos retratos hablan, no todos. Y, sí, efectivamente, tienen voz propia. Si, por ejemplo, contemplas el cuadro que exhibo en mi habitación, no escucharás más que la voz de tu abuela, tu abuela cuando tenía veinticuatro años, obviamente; si sucede de otro modo, es porque aún no has desarrollado tu sensibilidad estética.

DANIEL: ¿Y cuál es el elixir que tengo que beber para desarrollar esa cosa?

MATILDE: Cuarenta cucharadas de música exacta, siete copas de buena lectura y tres vasos de contemplación de retratos no mudos. Al principio lo sentirás amargo, pero con el tiempo se adecuará a tu organismo.

DANIEL: Empalagado por la música y ebrio por la lectura, no creo que pueda digerir siquiera un vaso de contemplación.

MATILDE: Es que tienes que beberlo por partes. Comienza por degustar un par de cucharadas, una copita y medio vaso, hasta que te vuelvas adicto a esta panacea espiritual; en este caso, la adicción es vista con muy buenos ojos, así que no te preocupes por eso. Lo más importante –si en verdad quieres desarrollar sensibilidad estética– es el comienzo; si superas este, tus obras artísticas serán siempre un éxito; si te quedas ahí en la entrada de la misteriosa caverna, jamás te deleitarás con todos los encantos que yacen en el interior de esta. Te contaré un secreto, un secreto sobre el arte de acariciar metafísicamente; el mismo que yo descubrí cuando leí el exquisito poema de un amigo; así que escucha:

Cuando tengas una novia, no acaricies su cuerpo; antes acaricia su alma, porque lo más probable –si no eres el primer novio de la 'joven princesa' – es que a ella le hayan acariciado todo excepto el alma.

DANIEL: ¿Qué encantos puede tener el alma de una chica? Qué más que unos senos turgentes y unas buenas caderas. ¿O acaso vas a decirme que Álvaro acariciaba tu alma antes que tus senos?

MATILDE: Y esa fue la razón capital de que yo me comprometiera con él. Magreaba mi cuerpo una vez al mes, pero acariciaba mi alma todos los días, aun cuando él no estaba conmigo. Esas chicas a las que nomás les han acariciado los senos y las caderas, solo han estado con animales, no con humanos.

DANIEL: ¿Y tú qué prefieres, abuela?

MATILDE: Yo prefiero a los humanos, querido; toda mi vida.

DANIEL: ¿Y qué sientes tú cuando te acarician el alma?

MATILDE: Dirás qué sentías. En primer lugar, no hubo otro que lo hiciera más que mi amado pintor. Te diré que una vez Álvaro me escribió un poema…, que cuando lo leí, me excité tanto que terminé desnuda en sus brazos; y siempre que releía aquel hermoso poema sentía lo mismo: un deseo inmenso de entregarme a él; cuando en aquellos exquisitos versos jamás se refirió al sexo, a las caricias, a los besos… Tampoco se trata de una descripción estética de mis atributos. Y para terminar de persuadirme de que aquella exquisita composición poética no aludía en absoluto al sexo, se lo leí a varias hermanas de la iglesia cuando acudía a la misa dominical.

DANIEL: ¿Y qué fue lo que te dijeron ellas?

MATILDE: Que esos versos solo los pudo haber escrito un ángel. Luego se lo mostré al sacerdote, y él también respondió lo mismo.

DANIEL: ¿Y por qué cuando leíste tu poema en la iglesia no saliste corriendo a buscar a tu amado pintor?

MATILDE: Cosa increíble. Mi deseo de desnudarme y entregarme a mi marido solo me ocurría si me encontraba yo sola o en compañía de mi divino pintor. Hoy que lo leo, lloro desconsoladamente; a través de mis lágrimas puedo ver a mi amado artista en la profundidad del mar. Una vez, hipnotizada por aquellos versos que leí, me arrojé al piso creyendo que era el océano. Esa fue la última vez que lo leí.

DANIEL: Quiere decir que mi abuelo, además de buen pintor, fue un gran poeta…

MATILDE: Él nunca quiso publicar sus poemas; tal vez porque todas sus composiciones poéticas tenían el mismo referente: yo. Mi marido me escribió no menos de doscientos poemas, sin embargo, los quemé; pues él una vez me dijo: «Si alguien te regala una manzana y quieres compartirla con alguien, está bien, compártela; ahora, si alguien te obsequia un poema, o una carta que sea, jamás los compartas con nadie; si lo haces, ya nunca volverás a leer nada igual».

DANIEL: ¿Y qué tal si cuando tú mueras yo decido publicarlos?

MATILDE: ¿Acaso no escuchaste lo que dije sobre estos? Las editoriales editan libros, no cenizas de libros. Todos esos poemas que escribió Álvaro, excepto uno, fueron reducidos a cenizas. Doscientas noches duró mi llanto después de la defunción de mi entrañable y amado pintor. Todavía recuerdo esos días aciagos; el crepitar de las llamas mientras aquellas hojas amarillas eran reducidas a cenizas. Pero tenía que hacerlo; era algo que ya estaba prescrito por él; nada había que me lo impidiese o hiciera cambiar de parecer.

DANIEL: ¿Así que quemabas un poema cada noche? ¿Y dónde guardas esas cenizas?

MATILDE: Sí, quemaba uno cada noche, hasta que llegué al penúltimo; el último –el primer poema que mi marido me escribió, si la memoria no me falla–, quiso que yo lo conservara. Las cenizas yacen en la tumba de mi amado pintor. Desde el sepelio de tu abuelo, comencé a frecuentar el cementerio por las noches (doscientas noches de pena), hasta cumplir mi promesa. Me sentaba por unos minutos a leer el poema que correspondía a esa noche, y una vez leído (llorando desconsolada y con mi corazón partido en mil pedazos), le prendía fuego. El fuego duraba lo que duraba mi llanto. Hubo noches de deliquio, producto de aquellas vivencias funestas e inefables; ni siquiera podía regresar a casa.

DANIEL: ¿Y por qué elegiste la noche? A mí me daría un poco de miedo frecuentar el cementerio por la noche. Imagina que alguien te hubiese visto… Hoy todos dirían que mi abuela está loca por haberle entregado su alma al diablo.

MATILDE: En todo caso se la entregué a mi marido, no a Satanás; y no estoy loca, jovencito.

Imagínate que yo estaba pensando invitarte al camposanto esta misma noche. En este pueblo la gente duerme temprano, así que a partir de las 10:00 p. m., me temo que es una buena hora, la misma de aquellas doscientas noches que recién te revelé. Hace apenas una semana, mientas esculcaba la billetera de mi marido, me encontré un papel que contenía estas palabras: «Querida, Matilde, una vez que me sepultes, quiero que visites mi tumba cada año; quiero que lleves una bocina, y una vez ahí, reproduzcas el Réquiem de Mozart». Mi querido esposo feneció hace ya varios años, imagínate; estoy en deuda con él. Mientras no tengas un motivo por el cual frecuentar el panteón, tendrás miedo; yo lo frecuento como si fuera el Paraíso. Decía mi caro pintor: «Si el sol es la lámpara de los mortales, la luna es la antorcha de los inmortales». ¿Quieres acompañar a tu abuela al cementerio, sí o no?

DANIEL: ¿No crees tú que es lo mismo reproducir la Misa de Réquiem desde la comodidad de tu casa? Qué tal si mejor reproduces la susodicha obra musical a la vez que contemplas el cuadro (tu retrato) que expones en tu recámara. Conjeturo que esta es la manera más digna de honrar a mi abuelo. Lo que no comprendo es por qué él se decantó por esta obra musical cuando tú misma me dijiste que tu marido jamás escuchó a otro compositor que no fuese Chopin o Mendelssohn.

MATILDE: Ese papel tiene la fecha del último viaje de Álvaro, cuando él estuvo en Alemania. Quizá fue entonces cuando escuchó la obra de Amadeus. Bueno, mi marido solía leer mucho sobre arte musical; simplemente no quiso comunicárselo a nadie. A mí, la verdad, nunca me gustaron las misas de Réquiem, pero si mi amado pintor lo desea, yo lo satisfaré de la manera que sea; lo que no sé es cómo recuperar esos años transcurridos después del día de su defunción.

DANIEL: ¿Y qué harías si nunca hubieses encontrado ese papel? Además, creo que mi abuelo ya se olvidó de Mozart; mejor es que lo dejes descansar en paz. Me temo que lo prescrito en ese papel solo tenía sentido si dabas con este el mismo día que tu amado pintor feneció. ¿Todavía sigue siendo tu amado artista? Deberías volver a casarte, abuela, aún estás joven.

MATILDE: Claro que volveré a casarme, pero no en esta vida; bueno, quiero decir que volveré a juntarme con él. Puedo verlo en mis noches de sueños profundos, no deja de retratarme; cada mes pinta un cuadro diferente para mí. Pinta sus cuadros en la rivera de un río. Al verlo, parece como si fuera un pintor impresionista, obsesionado en pintar una sola esencia: su mujer. Muchas son las obras que ha pintado hasta la fecha, sin embargo, el espíritu de todas estas es el mismo.

DANIEL: Si en verdad lo amas ¿por qué no te has ido con él?

MATILDE: Si así fuese, querido nieto, ya no habría nadie en este mundo. Él se llevó parte de mi alma, pero me dejó la suya. Me preocupa mucho lo del Réquiem. Será que ya se olvidó de Amadeus, como tú dices, o más bien piensa que yo lo deshonré. Lo cierto es que, desde su muerte, nunca he soñado nada relacionado con esto. En mis sueños él se manifiesta muy feliz, trazando líneas con su pincel en cuanto escucha *El sueño de una noche de verano*.

DANIEL: Mejor será que quemes ese papel. Si dices que, en tus sueños, mi abuelo jamás te ha solicitado que le lleves el Réquiem de Mozart a la tumba, es porque en realidad no le hace falta escucharlo. Igual, aun cuando reproduzcas la susodicha obra musical en el cementerio, tu marido no la va a escuchar.

MATILDE: Está bien, cancelaré todas esas visitas que tenía agendadas al panteón. Sospecho que mis doscientas noches de sacrificio hicieron la obra.

DANIEL: Por consiguiente, quémalo. Yo te sugiero que quemes todo lo que tenga que ver con mi abuelo, pues para él eso ya no existe, pertenece a su mundo pasado; esto es que ya no le pertenece a nadie, ni a ti ni a tu marido.

MATILDE: Gracias al legado artístico de Álvaro, yo soy feliz. Sé que mi amado pintor aguarda con entusiasmo mi llegada, sin embargo, me dice que no me apresure, que aún tengo muchísimas cosas qué hacer en esta vida; una de ellas es cuidar de ti. Álvaro también anhela que su nieto sea pintor; lo he visto en mis sueños.

DANIEL: Tú no has visto nada, abuela, yo lo he observado todo. En mis sueños figuran personajes que en mi vida imaginé. Anoche, por ejemplo, soñé que me casaba con una mujer de cuarenta años. Y no es extraño, nomás escucha lo que ella me dijo: «Pensé que, porque eres cinco años menor que yo, alguien imposibilitaría nuestra boda». Así que, según esa elegante mujer, con la que anoche me casé, yo tengo treinta y cinco años. Y si en ese mundo fantástico de los sueños tengo tantos años y en el 'mundo real' tengo siete, entonces ya no soy un niño, sino un adulto de cuarenta y dos años.

MATILDE: ¿Y cuándo me presentarás a tu esposa?

DANIEL: No sé en cuánto tiempo lograré retratarla. Es posible que me demore una semana, tal vez más; pues no creo que sea tan fácil retratar a una dama tan bella y divina como mi mujer. Tú y mi madre son hermosas, abuela, pero mi distinguida esposa solo tiene parangón con las mensajeras del Mesías.

MATILDE: Yo no quiero ver un retrato, deseo hablar con tu supuesta mensajera.

DANIEL: ¿Acaso no fuiste tú la que me dijo que hay retratos que hablan? El que yo dibujaré hablará más de lo que te imaginas. Pintaré el mejor cuadro que hayas visto jamás. Tanto te impresionarás al verlo, que no creerás que estás frente a una pintura, sino frente a una mujer; bueno, frente a una diosa con apariencia de mujer.

MATILDE: No es que quiera yo censurar tu nuevo plan, pero qué tal si esa bella dama de tus sueños no tiene existencia en el 'mundo real'. No deberías obsesionarte por un sueño. Por ahora será mejor que te serenes un poco. Claro, si esa incomparable princesa vuelve a manifestarse en tus sueños, entonces no dudes en dibujar tal revelación divina.

DANIEL: Comenzaré a retratarla esta misma tarde; sospecho que, si no lo hago, esa imagen teofánica que aún retengo en mi memoria deleznable, se desvanecerá por completo. Comprende, abuela, no puedo esperarme a que trascurra una semana, sería demasiado tiempo.

MATILDE: ¿Y qué pasó con el retrato de tu madre? Habíamos acordado que el cuadro de mi hija sería tu primera obra, acuérdate. Así que, o comienzas por retratarla a ella o te mando de nuevo a la escuela. Yo sé que los artistas bisoños son muy rebeldes, empero en este caso no tienes alternativa, jovencito.

DANIEL: Eso no es justo, tú sabes que conservo muchas fotos de mi madre, pero de mi prometida…, apenas una imagen borrosa. Por favor permíteme que la retrate primero a ella. Te prometo que en una semana habré consumado mi obra. No sé el porqué de tu premura, si ambos sabemos que mi mamá no regresará a nuestro país sino en un par de años, cuando haya procurado la residencia y podamos viajar legalmente. Te imaginas, abuela: tu querido nieto exponiendo sus lienzos en las mejores galerías de arte de los Estados Unidos. Me temo que seré el primero en lograrlo, y quizás el último.

MATILDE: Ni siquiera has dibujado una cucaracha y pensando en las grandes galerías de arte. Estas rechazan a los grandes pintores, no digamos a un pintor bisoño como tú. El gran Manet, autor de *El almuerzo sobre la hierba*, fue rechazado en reiteradas ocasiones. Pero que te rechace una galería de primer nivel ya es un logro, sin embargo, conjeturo que tú ni siquiera serás digno de rechazo. Sabes, tienes exactamente una semana para retratar a la mujer de tus sueños, luego trabajarás en mi encargo; bueno, aunque no pienso pagártelo, qué mejor pago que el taller de pintura de mi marido y mis enseñanzas significativas sobre arte pictórico. De hecho, eres tú quien tiene que pagarme a mí.

DANIEL: Abuela, ya te lo dije: el dinero que te envía mi madre para sufragar mis supuestos estudios, quédatelo tú. Sabes que no tienes que pagarme nada. Te agradezco sobremanera todo lo que haces por mí. No te arrepentirás, te lo juro por Manet; tu sobrino será un pintor de galerías, no de la calle. Tan bellas y divinas serán mis obras, que las galerías buscarán a Daniel, no este a aquellas. Después de retratar a mi querida madre, nomás pintaré sobre mis telas, lo que el Mesías me revele, pues solo Dios revela al artista seres perfectos.

MATILDE: ¿Y acaso no es tu mamá un ser perfecto? Una cosa es lo que el Todopoderoso te releve, y otra cosa es lo que tú puedas representar en tus lienzos. Desde ya barrunto el fracaso de mi nieto como pintor.

DANIEL: Me gusta que seas pesimista, abuela. Tus palabras son un aliciente para mi creación artística. Respecto a tu hija, aún no estoy seguro de si ella es perfecta, no obstante, lo será en mi lienzo, ya verás.

MATILDE: Según Oscar Wilde, «…el arte y el artista carecen, en esencia, de utilidad». Esta es la única manera de encontrarle sentido a la vida. Ahora ponle atención a esta máxima: «El objetivo del arte es solo crear un estado de ánimo» hace decir Wilde a uno de los personajes de su ensayo ejemplar *El crítico como artista*.

DANIEL: Quiere decir que tal estado de ánimo también es inútil; bueno, solo si analizamos las sentencias de Wilde, obviamente.

MATILDE: Debería serlo, pero entiende que el escritor no está dando por hecho que el arte crea tal estado de ánimo; podría no ser así, es decir, no crear ningún estado de ánimo.

DANIEL: ¿Tú crees que yo soy útil, abuela?

MATILDE: Y qué importa lo que yo crea, lo importante es lo que tú creas; mejor dicho, lo que tú sientas. Creer que eres útil es casi afirmar que eres inútil. Creer que Dios existe, es negar su existencia. Cuando alguien dice: *Creo que Dios existe*, ya está dudando; dudando del Mesías, imagínate. ¡Qué blasfemia!, no lo puedo creer.

DANIEL: Quiere decir que la pregunta de dominio público: *¿Crees en Dios?,* es en sí una blasfemia. Entonces, abuela, esos que dicen *Creo en Dios*, son todos unos blasfemos.

MATILDE: Naturalmente. Lo que demuestra que todas las iglesias están plagadas de ovejas abominables. Yo sé sobre este tema desde hace muchos años; y si voy a misa esporádicamente, no lo hago tanto por devoción, sino por costumbre; más bien por acompañar a mis amigas, ellas sí son devotas.

DANIEL: ¿Mi abuelo te acompañó a la misa dominical alguna vez?

MATILDE: Sí, creo que un par de veces, pues recuerdo que casi todos los domingos abandonábamos la casa desde muy temprano. Solíamos ir al bosque a disfrutar de la exquisita brisa que sopla entre los árboles en cuanto escuchábamos el melodioso trinar de los pájaros. Tendidos sobre la hierba, Álvaro me recitaba los poemas que escribía para mí, mientras yo lo escuchaba con entusiasmo. Cada vez que él concluía un verso exquisito, yo besaba sus labios. Así transcurrían las horas, hasta que regresábamos a la casa, ya casi oscureciendo. ¡Cómo olvidar esas vivencias estéticas si colman mi alma de auténtica felicidad!

DANIEL: ¿Por qué nunca se le ocurrió retratarte en el bosque?

MATILDE: No lo sé, pero una vez me dijo que tanta belleza natural lo distraía demasiado, y que, si un día decidía comenzar a pintar un cuadro desde el corazón de la jungla, jamás lo terminaría.

DANIEL: Claro, la inefable belleza de la naturaleza suele trastornar la mente del artista. Creo que mi abuelo se imaginaba en el bosque a mil *matildes* posando para él. *¿A cuál pinto?, ¿cuál de ellas es mi esposa?* – se preguntaría el artista.

MATILDE: No lo sé, querido, supongo que sí.

DANIEL: Creo que ya hablamos suficiente por hoy. Veré si puedo retratar algo.

MATILDE: Demasiado, diría yo. Bueno, tú ve a pintar, yo me quedaré aquí escuchando a Mendelssohn. No olvides venir a cenar en una hora, preparé tu plato favorito.

DANIEL (abandonando la habitación de su abuela): Y si no vengo, me la llevas al taller, por favor; así aprovechas y le echas un vistazo a mi creación artística.

MATILDE: De acuerdo, espero que no me decepciones, y si lo haces, le daré tu cena a los gatos.

DANIEL: Te estaré esperando, abuela; te estaremos esperando, quiero decir.

MATILDE (hablando para sí misma): Pobre Danielito, al menos fracasará dignamente.

RECORDANDO EL CUMPLEAÑOS DE SU PRIMO

(Elizabeth y Darío)

ELIZABETH: ¿Terminaste de leer el libro que te obsequié el día de tu cumpleaños? Desde entonces han transcurrido más de tres meses, primo. Aparte, es un libro de no más de doscientas páginas. Mi tía me dijo que a ti te fascinaba la lectura, motivo por el cual pensé en una obra literaria y no en una botella de vodka como solía obsequiarte antes.

DARÍO: Debiste regalarme ambas cosas. Me gusta la lectura tanto como el alcohol, es decir, tanto como la música. Cuando yo leo un escrito infumable, me voy directo a la cantina; cuando la lectura es exquisita, me voy directo a la librería a comprar la obra completa del autor que recién leí.

ELIZABETH: ¿Y adónde fuiste cuando terminaste de leer el libro que yo te obsequié en tu fiesta natalicia?

DARÍO: No fui a ninguna parte, pues para quemar un libro no es necesario salir de casa. Recuerdo que interpreté casi todos los *caprichos* de Paganini alrededor de aquella fogata. Esa noche quemé toda la basura que yacía en mi biblioteca; tal depuración costó la pérdida de trecientos libros. No sé si mi abuelo leyó todos esos libros, pero como quiera que fuere, tenían que ser incinerados. Y lo cierto es que ninguno de estos tenía la firma del viejo; lo que sin duda justifica mi obra. El buen anciano una vez me dijo: «Yo solo firmo los buenos libros, y los malos, se los regalo a mis amigos lectores». Empero como yo no tengo amigos, pensé en el fuego, que nada rechaza.

ELIZABETH: El libro era tuyo, podías darle el destino que tu quisieras. Me alegra que por lo menos lo hayas leído antes de arrojarlo a las llamas; yo también he arrojado algunos, y no me arrepiento, te lo juro. Creo que ya era hora de que depurases tu biblioteca, aunque otro en tu lugar los hubiese vendido, o regalado quizás, como seguro lo habría hecho mi abuelo.

Pensé que habías vendido el violín. Como dimitiste de la orquesta de cámara de la universidad. Pobres…, dicen que desde que tú renunciaste, no han vuelto a ganar otro concurso. Mi tía, por ejemplo, ella quiere que tú regreses a tomar tu puesto de violinista, y yo también deseo lo mismo. Por favor, primito de mi alma, vuelve con la orquesta.

DARÍO: Ni loco volvería a tocar con esa pseudo orquesta. Comenzando por el director, ese es un inepto, y lo músicos integrantes no digamos, son lo peor. Parece como si los instrumentos musicales les produjera a todos una pesada ignavia. Si tú los vieras en los ensayos que realizan previo a los eventos musicales, bostezarías casi de inmediato, te lo aseguro; es que parece como si toda la vida han estado en coma, y no solo los músicos, también el conductor de la banda musical, imagínate.

La verdad, no sé si mi abuelo habría regalado esos libros. A mí me daría vergüenza regalar tan infumables escritos. Yo prefiero que me recomienden un buen libro y no que me regalen basura como esas trescientas obras literarias que incineré hace unas semanas.

ELIZABETH: Según tu inocente prima, ella te regaló un excelente libro; pero bueno, qué importa ya.

Creo que tú solo ves el lado malo de la orquesta; yo presencié varios conciertos de esta cuando tú aún eras miembro integrante de la misma, y, la verdad, tocaban muy bien; al menos eso creía yo, que, aunque no sé mucho de música exacta como mi adorable primo, tampoco escucho basura; y esta es la razón capital por la que, al igual que tú, Elizabeth no tiene amigos.

DARÍO: ¡Vaya!, es muy grato saberlo, querida; pensé que todas mis primas eran estultas. Qué bien que esta vez me equivoqué. Sin duda alguna, a veces los desaciertos resultan un tanto placenteros. Si en verdad deseas escuchar el soberbio lamento de mi violín, tienes que escoltarme a las tabernas, pues mi dimisión a la orquesta de cámara de la universidad es irrevocable, señorita. Y respecto al libro, ese que tú me obsequiaste el día de mi fiesta de cumpleaños, yo no dudo de que es un excelente libro, pero para un lector novel, jovencita. Y lo cierto es que no lo quemé; de hecho, lo conservo tal y como tú me lo diste.

ELIZABETH: Pues antes de conocerte…, yo, al igual que tú, pensaba lo mismo; quiero decir que no tenía un solo primo siquiera signo de escuchar. Sabes que todos mis primos me hablaban como procurando que yo fuese su novia; ¡Qué pendejos! No por el hecho de que sean mis primos, sino por las sandeces que profieren esos animales. Se nota que nunca han leído un solo libro…, y ni lo van a leer.

A veces creo que lo más saludable para un violinista de tu clase, es que toques en casa y no en esos antros inmundos; así, tú tocas para mí y yo canto para ti.

DARÍO: Te juro que en esos antros inmundos o como quieras denominarlos, he visto solo mujeres bellas e inteligentes. Es cierto que sufren de dipsomanía al igual que yo, sin embargo, son adorables; más bien, divinas. Les fascina que yo las acompañe con mi violín mientras ellas cantan las arias más hermosas.

Lo que dices de tus primos (zotes pisaverdes), no es de extrañar; paradójico sería que acaeciese lo contrario, esto sí que sería un hecho insólito. Lo bueno que supiste alejarte de todos esos bergantes lujuriosos que no deseaban más que tu cuerpo.

ELIZABETH: Gracias a Dios, conseguí que se alejaran de mí, y, finalmente, que todos ellos acabaran odiándome, tú ya sabes por qué. Ahora nomás quiero que me respondas, queridísimo primo: ¿acaso tu prima, dotada de esa voz de *soprano de coloratura* que tanto te fascina, no es más hermosa y mucho más inteligente que tus amigas disolutas?

DARÍO: Tú eres un caso excepcional, mi preciada niña, pero hay un problema por el cual no podría –aunque quisiera, te lo juro– quedarme en casa a tocar para ti: a mis adorables amigas las puedo besar a la hora que yo quiera; y algo más: recuerda que tú eres abstemia, y cuando tu primo está ebrio, a los sobrios les es irritante. Si no me crees, pregúntale a tu tía cuando hables con ella.

ELIZABETH: Sabes que un beso no te lo negaría por nada del mundo. Y si en verdad crees que para poder tolerar tu comportamiento inusitado (producto del alcohol), solo puedo lograrlo estando ebria al igual que tú, no tengo ningún inconveniente con esto. Que a mis diecisiete años no haya degustado una sola gota de alcohol, no significa que feneceré abstemia.

DARÍO: Bueno, cuando digo que beso a esas chicas, no me refiero a un simple beso, en absoluto; si así fuese, no tendría caso frecuentar esos lugares, o más bien, ese lugar, pues en los últimos meses no frecuento sino uno, el mismo al que suelen presentarse mis bellas y licenciosas amigas.

ELIZABETH: ¿Quiere decir que mi talentoso y virtuoso violinista, al igual que aquellos bergantes, también desea el cuerpo de su distinguida prima?

DARÍO: Me fascina estar contigo por lo que dices, más que por lo que haces. Por favor no vuelvas a compararme con esos malnacidos. Que este virtuoso violinista admire sobremanera tu belleza física, no es motivo suficiente para que afirmes que yo deseo acostarme contigo; en ese caso, te lo habría insinuado desde hace días.

ELIZABETH: No entiendo: hace unos minutos me dijiste que una de las razones capitales por la que no te quedarías en casa a tocar para mí, es porque te acuestas con tus supuestas sopranos dipsómanas; ahora resulta que tampoco quieres mi cuerpo, aun cuando soy más bella y canto mucho mejor que ellas.

DARÍO: Lo sé. Empero comprende que tú eres una dama distinguida, de alta alcurnia; esas chicas no lo son; tienen poco o nada que perder. A veces, por *x* o *y* razones, o tal vez porque estoy borracho, imagino que cómo será mi futura esposa; entonces me digo a mí mismo: Si en verdad quiero una buena esposa; que más que la belleza física, valore la belleza espiritual; que más que el acto sexual, prefiera una conversación trascendental; tiene que ser ella.

ELIZABETH: ¿*Ella* es alguna de tus amiguitas libertinas?

DARÍO: No, *ella* es Elizabeth, la más hermosa y divina de todas, la que solo un auténtico y extraordinario artista podría retratar. Cuando contemplo su angelical y divino rostro, solo pienso en la Julie Manet que retrató el preclaro pintor Pierre-Auguste Renoir. Si ahora tuvieses un gato en tu regazo, diría que eres la mismísima Julie del cuadro de Renoir.

ELIZABETH: Sigo sin entender nada de lo que dices.

DARÍO: Sí, tal vez es porque de pintura sabes muy poco; lo que trato de decir es que tú eres la única mujer en este mundo con la que yo me casaría sin pensarlo dos veces. Sé que eres muy joven, pero imagínate, por ejemplo, si el divino Pergolesi –sé que a este sí lo conoces– hubiese dicho que se casaría hasta cumplir los treinta años…

ELIZABETH: Aunque tú no eres el compositor de *La criada patrona*, no necesito solicitar el permiso de mi madre para desposarme contigo, si en verdad me deseas como tu esposa. Lo cierto es que nunca te traté como se trata a un primo, sino como 'un amigo', sin duda el mejor y único amigo de mi vida, el resto nomás son conocidos.

DARÍO: ¿Y qué crees tú que dirá mi tía cuando se entere de que su única hija se casó con su sobrino?

ELIZABETH: Mi mamá es una mujer muy inteligente, y muy culta, por cierto; así que no creo, en absoluto, que se enfade conmigo; bueno, con nosotros. Seguro que se pondrá muy contenta y nos dará la enhorabuena, te lo aseguro. Probablemente hasta nos pregunte por qué no la convidamos a nuestra fiesta nupcial.

DARÍO: Siendo así, conjeturo que deberíamos invitarla a nuestro evento matrimonial, ¿no te parece?

ELIZABETH: Entonces invitemos también a mi tía. Si su hermana consiente nuestra boda, supongo que ella satisfará de la misma manera, nuestro más anhelado matrimonio; ¿o acaso me equivoco? Es más, a partir de hoy ya no me referiré a ella como mi tía, sino como mi suegra; así la registraré en mi teléfono celular a partir de hoy: *Mi amada suegra.*

DARÍO: En este caso, las opiniones de mi tía y de mi madre son como el agua y el aceite. Tu queridísima tía es capaz de mandarme a la cárcel si se entera de que tú y yo nos hemos desposado. Ella te adora, pero como sobrina, no como nuera. Recuerdo que una vez un tío –bromeando– le dijo que tú y yo éramos novios; así que cuando yo regresé de la escuela ese día, me recibió con dos fuertes bofetadas. Te juro que hasta lloré, no tanto por el dolor que sentía, sino porque no tenía ni la más mínima idea del porqué de mi castigo. Desde entonces no volví a saludar a ese maldito tío.

ELIZABETH: Tenía un buen concepto de mi querida tía, no obstante, veo que me equivoqué; pensé que era una dama juiciosa como mi madre. Eso que acabas de contarme me deja sin aliento; qué desgracia, no lo puedo creer.

DARÍO: ¿Quiere decir que ya no habrá fiesta nupcial entre tú y yo?

ELIZABETH: ¡Uy!, ¡cómo crees! Lo siento por mi tía, pero yo no sufriré lo que otras han sufrido por capricho de sus progenitores insensatos. Decía mi madrina que, si te casabas por interés, debías evitar en todo lo posible casarte con un miembro de la familia, pero si era por amor, debías casarte inmediatamente sin consultarle a nadie.

DARÍO: Pues yo siento que entre tú y yo no reina sino el amor. Sabrás que cuando mi madre se entere de que su sobrina predilecta es ahora su nuera, te odiará tanto como a mí. También me echará de la casa, de eso no hay duda; igual que dejaré de recibir sus remesas, estoy seguro.

ELIZABETH: Qué importa que ella me odie, yo siempre la amaré; y sé que, en un futuro, cuando conozca a su primera nieta, me amará igual o incluso más que antes, ya verás. Conozco algunos casos similares al nuestro. Como quiera que fuere, tenemos el voto de mi madre.

DARÍO: ¡Vaya!, no nos casamos aún y ya estás pensando en hacer abuela a mi madre. Veo que has cambiado muchísimo, primita de mi alma; si en verdad quieres un hijo; más bien, un ángel, yo igual... Recuerdo que mi tía una vez me dijo: «Si un día decides casarte, mi querido niño, antes quiero que me presentes a tu prometida, yo te diré si te conviene o no».

ELIZABETH: A mí me dijo exactamente lo mismo, días antes de su viaje a los Estados Unidos. Y por supuesto que anhelo tener un ángel contigo. Por favor no vuelvas a llamarme *prima*, nunca lo fui y nunca lo seré. Tú sabes perfectamente de lo que estoy hablando. Desde el día que me dijeron que eras mi primo, vi tus ojos, luego cerré los míos, y cuando los abrí para verte de nuevo, ya no lo eras. Desde ese día –yo tenía apenas cinco años– te amo. Por eso en la escuela, mis ojos siempre te buscaban, pues quería saber dónde y con quién estaba mi amado violinista. Te juro que pasé días tormentosos cuando mi madre decidió cambiarme de escuela; mis calificaciones eran mediocres y solo yo sabía por qué.

DARÍO: ¡Increíble! No sé si estoy hablando con una mujer o con una diosa. Perdóname, no volveré a llamarte *prima*, y además no lo eres; tú acabas de expresarlo: *Nunca fui tu primo*. Pero nunca me dijiste por qué mi tía decidió de pronto matricularte en otra escuela.

ELIZABETH: La verdad que no fue decisión de mi madre, sino de mi padre, que sabrá Dios dónde se encuentra ahora. Claro, de esto me enteré hace apenas unos meses, mientras hablaba con mi madre al respecto. Estás hablando con tu futura esposa, querido, que no es una diosa ni mucho menos, sin embargo, tu amada Julie tiene contacto directo con todas las divinidades. Conjeturo que mi futuro marido, al igual que su prometida, se comunica con los dioses olímpicos.

DARÍO: Con los dioses olímpicos no, sí me comunico con Giuseppe Tartini, Niccolò Paganini, Henri Vieuxtemps, entre otros. Y que se jodan las diosas, para mí tú eres mucho mejor que ellas, tú eres belleza pura y divina. Tú eres mi única teofanía.

ELIZABETH: Bueno, algo he escuchado de ellos. Esa triada es perfecta. Portentos maestros del violín, sin duda alguna. ¿A cuál de los tres interpretarías tú en un concurso de violín?

DARÍO: Interpretaría a Paganini, mi compositor predilecto. Lo interpreto desde que era niño, y quiero morirme tocando sus caprichos.

ELIZABETH: A mí me fascinan sus veinticuatro caprichos tanto como sus conciertos, pero *Las cuatro estaciones* de Vivaldi siempre será el concierto de mi vida. ¿Por qué nunca interpretas al compositor veneciano?

DARÍO: A Vivaldi lo interpreta cualquiera; y lo interpretan bien. He visto a muchos vagabundos en las calles intentando remedar al compositor veneciano, sin embargo, jamás he visto a un andrajoso pseudo violinista emulando el señero virtuosismo del eterno Paganini.

ELIZABETH: Pues a mí me encanta escuchar al violinista barroco. Si no quieres interpretar sus obras, está bien, compraré mi propio violín y lo interpretaré yo misma, ya verás. Hoy mismo le llamaré a mi madre para decirle que me compre dicho instrumento musical.

DARÍO: Si gustas, yo puedo venderte mi violín. No es de primerísima clase, pero sí es un buen instrumento. Mi tatarabuelo interpretó al gran violinista genovés con este violín; luego mi bisabuelo, mi abuelo, mi padre…, y ahora yo.

ELIZABETH: Por lo que acabas de decirme, sospecho que ese violín debe costar una fortuna; no importa, yo te lo compro. Nomás dime cuánto quieres por él.

DARÍO: Quiero mil dólares. Lo que no entiendo es a quién le pagarás para que te enseñe a ejecutar dicho instrumento.

ELIZABETH: Veré si mi marido quiere enseñarme.

DARÍO: ¿Cómo se llama tu marido? ¿Lo conozco?

ELIZABETH (con su sonrisa angelical): Se llama Darío, un virtuoso violinista que ejecuta el susodicho instrumento como los dioses.

DARÍO: Yo también me llamo Darío y comencé a tocar el violín en el vientre de mi madre.

ELIZABETH: Sí, ya lo creo. ¿Me enseñarás a tocar el violín, sí o no? Yo sé que tú me amas; por favor dile que sí a esta inquieta jovencita que tanto de adora.

DARÍO: Te enseñaré todo lo que quieras; hasta lo que no sé te enseñaré. Pero para que esto sea posible, tú también debes tener un violín en tus manos.

ELIZABETH: Mentira, mi madre me enseñó a leer con un solo libro.

DARÍO: Está bien, tocaré todo lo que quieras para ti. A partir de ahora seré tu violinista. Todo como lo habíamos acordado: yo toco para ti y tú cantas para mí.

ELIZABETH: Me parece justo. Nomás dime qué aria quieres que cante para ti, que no sea *Carmen* ni *Los cuentos de Hoffmann* ni *Lakmé;* tú sabes muy bien que tu adorable soprano aún no logra familiarizarme por completo con el idioma francés.

DARÍO: Quiero escuchar un Ave María.

ELIZABETH: ¿Caccini, Schubert o Gounod?

DARÍO: Schubert es un preclaro maestro, sin duda, pero en este caso, me decanto por el compositor francés.

ELIZABETH: Elegiste mi favorito. Qué bien que hayas elegido a Gounod, me fascina.

DARÍO: Las tres versiones son exquisitas, sublimes y divinas, a pesar de ello, siempre me decanté por el *Ave María* del maestro parisino; la verdad, nunca supe por qué. ¿Tú sabes por qué prefieres al compositor francés?

ELIZABETH: Yo lo único que sé —Dios es testigo—, es por qué te prefiero a ti; bueno, por qué te amo a ti; eso sí lo sé, y ya te lo dije un millón de veces.

DARÍO: ¿Qué quieres entonces?

ELIZABETH: Ya te lo dije: quiero que toques *Las cuatro estaciones* de Vivaldi; es todo.

DARÍO (interpretando al compositor veneciano): Si no te gusta cómo lo interpreto, bajas el pulgar y listo.

***

ELIZABETH: ¡Increíble! Sí que tienes talento para tocar esa cosa; parece como si tocaras diez instrumentos a la vez.

DARÍO: Lo mismo digo yo de mi amada soprano, que cuando la escucho entonar esas arias sublimes, siento como si diez ángeles descendieran del cielo cantando para mí. Me agrada sobremanera que me lo digas, y, ya sabes, para ti puedo tocar lo que quieras, incluso cuando no se trate de mis compositores predilectos.

ELIZABETH: No sé cómo agradecerte todo lo que haces por mí. ¿Quieres que te dé un beso?

DARÍO: Por favor bésame.

ELIZABETH (besando con pasión a Darío): Si no te gustan mis besos, solo dime; me suicidaré ahora mismo; si te gustan, me quedaré a vivir contigo. Me quedaré y cantaré para ti tus arias favoritas.

DARIO: Ya te dije que quiero escuchar un *Ave María*.

ELIZABETH: Está bien, cantaré para ti. Por favor cierra los ojos.

***

ELIZABETH: Si no te gustó, no te desamines aún, estoy dispuesta a repetirlo las veces que sea necesario, hasta satisfacer a mi marido.

DARÍO: Pero como me encantó, no tienes que repetir nada.

ELIZABETH: ¿Qué haremos ahora?

DARÍO: Lo que tú quieras.

ELIZABETH: ¿Quiero que te cases conmigo?

DARÍO: ¿Y ya se lo comunicaste a tu madre?

ELIZABETH: Quiero darle una sorpresa.

DARÍO: ¿Una sorpresa de qué tipo?

ELIZABETH: Quiero decirle que estoy esperando un hijo tuyo.

DARÍO: Sorpresa será cuando le envíes una foto de dicha criatura. Qué locura, ni siquiera nos hemos desposado y hablando de hijos.

ELIZABETH: Hay noches en las que tenemos sueños hermosos, sin embargo, nunca pensamos previamente en nada referente a ese sueño. Yo sé que no soy una diosa ni muchos menos, pero hay momentos de mi vida en los que hablo con Dios.

DARÍO: ¿De veras hablas con el Mesías?

ELIZABETH: No solo hablo con él, camino con el Todopoderoso. Vivo envuelta en su manto inconsútil.

DARÍO: ¿Y qué es lo que te dice y qué haces cuando estás con él?

ELIZABETH: Me toma de la mano y caminamos… Caminamos horas tras horas. Todos caminamos.

DARÍO: ¿Todos?

ELIZABETH: Sí, todos. Caminan los árboles, caminan las rocas, caminan las flores, etc. Tú también caminas.

DARÍO: Pero camino alejado de ti, me imagino. Porque si tú vas tomada de la mano del Creador, yo tengo que guardar cierta distancia; ¿o me equivoco?

ELIZABETH: No, Él también toma tu mano. Caminamos con el Mesías por sus vastos vergeles.

DARÍO: ¿Desde cuándo hablas y caminas con el Señor? Yo miro a Dios solo cuando contemplo algunos cuadros de Renoir.

ELIZABETH: ¿Acaso no lo ves cuando interpretas los caprichos Paganini? Yo hablo y camino con el Todopoderoso desde el día en que comencé a soñar.

DARÍO: Todos soñamos, querida; entonces es posible que todos hablemos y caminemos un día tomados de la mano del Creador.

Durante interpreto a mi compositor predilecto, no miro al Mesías, miro al diablo.

ELIZABETH: Son muy pocas las almas que tienen el privilegio de tocar las manos del Señor, y aunque todos soñamos, no todos saben soñar, es decir que no todos conocen *El divino arte de soñar*. No entiendo por qué, cuando interpretas a Niccolò, miras al diablo y no a Dios.

DARÍO: Porque cuando yo interpreto al virtuoso maestro, Dios está concentrado escuchando *Las cuatro estaciones* de Vivaldi. Me gusta tu expresión: *El divino arte de soñar;* es una frase hermosa, tan hermosa como la mujer que acaba de expresarla.

ELIZABETH: Gracias, querido. ¿En serio crees tú que el Todopoderoso prefiera la obra del compositor veneciano en vez de los caprichos de Paganini?

DARÍO: Bueno, la composición preferida del Mesías es *El Mesías*, sin embargo, a veces suele escuchar la obra preferida de su hija predilecta.

ELIZABETH: Quiere decir que a Dios le fascina la música barroca…, más que la clásica y la romántica, tal vez.

DARÍO: Naturalmente, y es que casi todos los compositores barrocos son divinos.

ELIZABETH: Al igual que los pintores; ¿o me equivoco?

DARÍO: De ninguna manera, tu comentario es muy acertado; al menos yo, estoy de acuerdo contigo. De todos modos, yo prefiero el Romanticismo, tú ya sabes por qué. ¡¿Por qué no nací en el siglo XIX?!

ELIZABETH: No lo sé, tal vez aquella Julie te habría rechazado. A mí me encanta el siglo XXI.

DARÍO: Tienes que estar bromeando, este es el peor de los siglos posibles.

ELIZABETH: Por qué te quejas tanto, si tenemos a los mejores maestros de la batuta: Valery Gergiev, Kiril Petrenko, Simon Rattle, Christian

Thielemann, Daniel Barenboim, Riccardo Muti, Mariss Jansons, entre otros.

DARÍO: De todos los que tú mencionaste, solo hay uno que no me gusta. Por si no lo sabías, Mariss Jansons murió el año pasado, querida.

ELIZABETH: Qué pena, era uno de mis favoritos; el maestro letón fue sin duda uno de los directores más emblemáticos de su época.

Pensé que el único director de orquesta que no te gustaba era –como le llamas tú– *La prostituta de la batuta*; es que, en efecto, es una prostituta; claro, la expresión te quedó genial.

DARÍO: Quedó genial, porque, por ejemplo, *La meretriz de la batuta* suena bien pero no tanto como *La prostituta de la batuta*. Sabes, querida: yo creo que, en este siglo de la banalidad y la prostitución del arte, a muchas prostitutas se les ha otorgado el título de 'director de orquesta'. ¡Qué infamia, Ave María!

ELIZABETH: Es verdad. Pero no me dijiste –de los que mencioné–, cuál es ese director que no te gusta, aparte de la *Prostituta de la batuta* o, como dices tú: *Las prostitutas de la batuta*.

DARÍO: Bueno, no me gusta; pero eso no significa que lo odie como a *Las prostitutas de la batuta*. Es que, la verdad, yo no lo odio, simplemente no me gusta su estilo; parece como si sufriera ataques de epilepsia. *El director epiléptico* decía mi abuelo cuando se refería a este. Si tú te fijas bien en su manera de conducir la orquesta, verás que sus violentos movimientos corporales no corresponden en absoluto con la obra que se está interpretando. Es decir, sus ataques de epilepsia no siempre corresponden con la obra musical en ejecución. Por ejemplo, Gergiev, ataca siempre en el momento justo, por eso y más, es el mejor conductor de orquesta del siglo XXI. No sé si te has fijado, que casi todos los directores de orquesta, en cuanto que están dirigiendo cualquier obra musical, y se agitan y sudan, sacan un pañuelo para secarse el sudor; jamás he visto a Valery Gergiev hacer esto. Mientras no acabe la obra en ejecución, *El monje* no se toca ni el pelo.

ELIZABETH: Es verdad. ¿Crees que Mariss Jansons sí estaba a la altura del venerable director general del Teatro Mariinski? Porque yo sí lo creo.

DARÍO: Por supuesto que sí; lo mismo pienso de Rattle.

ELIZABETH: Bueno, creo que sobre arte musical ya hablamos suficiente por hoy. Si gustas, hablemos de nuestras futuras vidas.

DARÍO: No lo sé, mi queridísima Julie; tú sabes que para mí la música exacta es parte esencial de mi vida.

ELIZABETH: Pensé que yo era parte esencial de tu vida.

DARIO: Lo eres, y por eso estoy aquí tocando para ti, sino ya me habría ido a tocar a la cantina con mis niñas disolutas.

ELIZABETH: Pobres niñas, me temo que ya no volverás a tocar para ellas. Ojalá y pronto se encuentren un nuevo violinista que toque como tú; bueno, como tú… es imposible, pero al menos uno que sea digno de escuchar.

DARÍO: ¿En serio no quieres que vuelva a tocar para ellas?

ELIZABETH: No quiero que vuelvas a frecuentar esos antros indecentes. Es que no quiero que vuelvas nunca más. A partir de ahora nomás quiero que toques para mí. Ya te lo dije: yo cantaré para ti todas las arias que tú quieras; y me embriagaré contigo si eso deseas. En fin, nada me importa si estoy contigo.

DARÍO: ¿Y cuando no estás conmigo?

ELIZABETH: Entonces leo y escucho música barroca. Es la mejor manera de recordarte a ti.

DARÍO: ¡¿Lees y escuchas música al mismo tiempo?!

ELIZABETH: No, loco, sabes que eso es imposible. Si así fuese, todos llevarían un libro al teatro. Una vez, mientras leía *El túnel*, intenté escuchar mi obra musical predilecta; no la había reproducido ni un minuto cuando de pronto me di cuenta de que leer y escuchar música al mismo tiempo era imposible. En mi memoria no retenía más que *Las cuatro estaciones,* y nada de *El túnel*; así que de inmediato apagué mi bocina y continué con mi lectura; entonces la señorita Iribarne y el señor Castel figuraron de nuevo en mi cabeza.

DARÍO: Solo un idiota cree que puede hacer ambas cosas a la vez; por lo general, un pendejo que nada sabe de música exacta, como esos jóvenes ilusos que dicen que han escuchado la Misa de Réquiem de Mozart cuando en realidad solo han escuchado Dies Irae o Confutatis Maledictis o Lacrimosa.

ELIZABETH (riendo a carcajadas): Como una chica en la universidad (estudiante de Derecho) que me dijo que ella todos los días antes de irse a la cama escuchaba *La Traviata*. De inmediato me quedé sin aliento; pero solo fue por unos segundos, pues enseguida me percaté de que aquella inocente criatura no escuchaba más que *Libiamo...* Cuando le dije que la ópera que ella 'escuchaba' duraba dos horas, casi le da un infarto a la pobre. Lo peor es que presumía de muy culta, la meretriz, esa.

DARÍO: Pobre muchacha. Bueno, lo cierto es que jóvenes de esa clase te los encuentras en todas partes. Hay unos que escuchan la *Habanera* y creen que ya escucharon *Carmen*; y están lo que escuchan *Aleluya* y dicen que escucharon *El Mesías*.

ELIZABETH: O los que aseveran que han escuchado *La flauta mágica* cuando apenas –y refunfuñando, estoy segura– han escuchado *La Reina de la Noche*. Dicen que *algo es mejor que nada*. Para mí esta es una expresión banal. ¿Tú qué opinas?

DARÍO: Estoy completamente de acuerdo contigo, querida. No sé si por casualidad has escuchado lo que responden 'algunos irreverentes' cuando alguien les pregunta qué música escuchan. Todos responden lo mismo: *De todo un poco.*

ELIZABETH: Comprende que esta suele ser la gente que en su vida ha leído un libro de arte musical, imagínate. Yo la verdad no los culpo; es que no es fácil desarrollar sensibilidad estética, mi amado Darío. Y no digamos si se trata de arte musical; la tarea se torna mucho más difícil, tienes que comprender eso. Pero no me dijiste qué respondes tú a dicha interrogante.

DARÍO: Casi siempre suelo responder con dos palabras: *Soy monoteísta.*

ELIZABETH: Mejor respuesta es imposible. Ahora ya sé cómo responder sin ambages como lo haces tú.

DARÍO: Desde luego. Y es que fuera diferente si uno entendiera esta pregunta como si se tratara de distinguir entre música barroca, clásica o romántica; pero nada que ver. Me temo que hace unos cien años (quizás menos) así era.

ELIZABETH: Es posible. Antes de la Segunda Guerra Mundial…, tal vez exagero, yo creo que sí.

DARÍO: Tú dijiste hace un rato que Dios prefiere la música y la pintura barrocas.

ELIZABETH: No querido, eso lo dijiste tú; bueno, los dos.

DARÍO: Es verdad, yo dije que la música barroca y tú dijiste que también la pintura de este mismo periodo le fascina al Mesías.

ELIZABETH: Y además dijiste que a partir de hoy ya no volveré a dormir sola.

DARÍO: Yo nunca duermo solo, mi amada Julie.

ELIZABETH: ¿En serio traes a esas meretrices impúdicas a dormir contigo?

DARÍO: Hablo de compañías espirituales, no físicas.

ELIZABETH: ¿Y yo qué tipo de compañía soy?

DARÍO: Si te tengo a ti, las tengo ambas: tanto la espiritual como la física.

ELIZABETH: ¿Pero a cuál de las dos prefieres?

DARÍO: Todo depende de cuál sea mi estado de ánimo, querida. A veces deseo que me abraces fuerte; otras veces solo quiero que me hables. De todos modos, siempre quiero que estés a la vera de este pobre violinista sin futuro.

ELIZABETH: Qué grato saberlo, mi adorable y amado Darío. Por favor no repitas esa expresión: *violinista sin futuro*. No me gusta para nada, más bien me irrita.

DARÍO: Quiero decir, sin futuro, pero con presente. ¿Crees tú que un buen presente implique de alguna manera un buen futuro?

ELIZABETH: Cuando eres feliz en el presente, el futuro se torna presente.

DARÍO: ¿Y qué pasa cuando eres infeliz?

ELIZABETH: ¿Tú eres infeliz?

DARÍO: Ahora que tú estás siempre conmigo, soy el hombre más feliz de este mundo… de este y todos los posibles, y también de los imposibles.

ELIZABETH: Pues tan feliz es tu amada Julie, que no se atreve a responder tu pregunta. Yo pienso que cuando eres infeliz, no vale la pena pensar en el futuro; es más, no vale la pena esperarlo.

DARÍO: ¿Y qué es lo que esperas tú?

ELIZABETH: Ya no espero nada. Es que no quiero esperar, me irrita tener que esperar.

DARÍO: ¿Y la sorpresa que querías darle a mi tía?

ELIZABETH: Lo de parir un hijo solo fue una broma, pensé que no lo habías tomado en serio. Quiero vivir contigo, pero sin hijos.

DARÍO: ¿Entonces tampoco deseas casarte conmigo?

ELIZABETH: Ya te lo dije, mi único deseo es estar siempre a tu lado; ahora, si tú crees que requerimos de esa boda para vivir felices por siempre…, entonces casémonos; yo, la verdad, no tengo ningún inconveniente; claro, sería un gasto innecesario y tú lo sabes bien.

DARÍO: Solo si no te amara, exigiría una fiesta nupcial, pero como te amo infinitamente, no te exigiré nada. ¿En serio presientes que un hijo arruinará nuestro futuro?

ELIZABETH: Y también nuestro presente, querido. Yo tampoco deseo que lo hagas, mi amado violinista. Y sabes, si en verdad anhelas un hijo, busca a una chica de tu agrado y embarázala, yo no me opongo, igual te amaré.

DARÍO: No digas incoherencias, sabes que sería una estupidez de mi parte. Vivir para Julie es y será siempre mi único anhelo.

ELIZABETH: Pues tu amada Julie no piensa más que en ti. Por favor abrázame, Darío.

DARÍO (estrechando con mucha ternura a su amada Julie): ¿Qué crees que vale más: un beso o un abrazo?

ELIZABETH: Un abrazo; un abrazo con ternura, eso sí. Y esta es la razón por la cual prefiero que beses a una mujer y no que la abraces.

DARÍO: Claro, yo opino lo mismo respecto de mi amada Elizabeth.

ELIZABETH: Me agrada sobremanera que lo digas.

DARÍO: Yo encantado, y te lo diré siempre, no lo dudes. Ahora solo me preocupa una cosa: ¿te irías conmigo a los Estados Unidos? Es que, pensándolo bien, allá sí tendré éxito como violinista.

ELIZABETH: Hace unos minutos me dijiste que nomás tocarías para mí. ¿Acaso fue porque te dije que no quiero tener un hijo que quieres dejarme sola?

DARÍO: Yo no dije que quiero dejarte sola, y tampoco quiero un hijo. Dios quiso hacer de mí un violinista, no un padre de familia. Así como tú no naciste para ser mamá, tu querido Darío no vino al mundo para ser papá. No entiendo por qué no quieres ir a los Estados Unidos a ver a tu mamá.

ELIZABETH: Pero si casi todos los días la miro por videollamada.

DARÍO: Pensé que querrías darle un abrazo.

ELIZABETH: Qué mejores abrazos que los de su marido. Porque al menos yo solo extraño tus brazos.

DARÍO: Lo que quiero decir es que acabo de recibir una invitación por correo de la USA para participar en un concurso de violín. El premio es de cincuenta mil dólares, aparte de que, si gano el primer lugar, me quedaré a tocar para la mejor orquesta filarmónica del susodicho país. Pensé que querrías acompañarme.

ELIZABETH: ¿Y si no ganas el premio?

DARÍO: No en todas se gana, querida; siquiera habré participado.

ELIZABETH: Yo también estoy participando en un concurso de canto. Aún no me han dicho la fecha del evento a realizarse, pero sé que con *La Reina de la Noche* me ganaré esos cien mil dólares.

DARÍO: A mí no me gusta ser pretencioso; de todas maneras, te deseo suerte. Lo que sí creo es que lo más conveniente para ambos es que viajemos juntos, pues es seguro que en cualquier momento te van a llamar.

ELIZABETH: No lo sé. Mejor viaja tú primero, yo te estaré esperando aquí; bueno, en casa de mi madre. Si ganas el concurso, yo compraré el boleto de avión ese mismo día; si pierdes, lo compras tú. Nomás me dejas tu violín y un buen libro para leer.

DARÍO: Te puedo dejar el libro; de hecho, todos los que tú quieras, pero el instrumento… me temo que no será posible; ¿con qué voy a tocar en el concurso?

ELIZABETH: No te preocupes, yo te prestaré mi violín.

DARÍO: ¿Acaso tienes uno?

ELIZABETH: Más de dos mil dólares le costó a mi madre dicho instrumento; es de muy buena calidad. Ya le escribí diciéndole que te lo entregue nomás llegues por allá. Me respondió que estaría muy contenta de verte, y que, si le era posible, se presentaría al evento. Como ves, estaré al tanto de todo.

DARÍO: Siendo así, pues qué más puedo decirte... Te amo y ganaré ese concurso, ya verás.

ELIZABETH: Lo mismo digo yo, amado de Julie. No importa si pierdes el concurso, te estaré esperando con los brazos abiertos.

DARÍO: Lo siento mucho, mi adorable Julie, pero debo viajar a la ciudad esta misma tarde. El viaje está programado para mañana.

ELIZABETH: Nomás dame mi abrazo de cinco minutos, y puedes irte tranquilo.

DARÍO (abrazando y besando a su eterno amor): Te llamaré en dos horas, cuando esté en la ciudad.

ELIZABETH: Descuida, ángel mío; si se te olvida, yo te llamaré. Hasta pronto, querido.

DARÍO: Hasta pronto, mi divina y eterna Julie.

***

ELIZABETH (llama a Darío por teléfono, pero este no contesta; el teléfono celular de su amado violinista parece estar fuera de servicio): Seguro lo asaltaron en la ciudad; ni modo, le marcaré mañana.

***

El teléfono de Darío sigue fuera de línea; Elizabeth enfurecida arroja su celular contra la pared, y sin pronunciar palabra, se tiende boca abajo en un sofá.

***

Darío ganó el concurso y al día siguiente Julie viajó a los Estados Unidos a reunirse con su amado.

***

Hoy Darío es el mejor violinista del mundo y Julie fue galardonada este año como la mejor soprano del continente.

EL NAVEGANTE Y EL MONJE

EL NAVEGANTE: ¡Oye, Monje!, ¿no crees tú que deberíamos cambiar de derrotero? Ya estoy harto de comer pescado todos los días.

EL MONJE: Agradece a Dios que por lo menos comes; de donde yo vengo solo los ricos comen pescado. Y no pienso cambiar de derrotero, amigo, ni lo sueñes. Si no quieres seguir navegando conmigo coge tu revólver y dispárate en la sien.

EL NAVEGANTE: Pensé que los servidores del Altísimo estaban en contra del suicidio. De donde yo vengo, solo los miserables comen pescado todos los días; claro, yo nací en una isla, tú naciste en el maldito desierto.

EL MONJE: El desierto es fuente de inspiración y creación divinas. Lamento que hayas nacido en una isla. Sabes, amigo, dicen algunos teólogos que *Dios ama a los muertos tanto como a los vivos*.

EL NAVEGANTE: Pero si a nosotros no nos ama ahora que estamos vivos, imagínate cuando estemos muertos. Tu comentario respecto al lugar de mi nacimiento es irrisorio, porque si no lo sabías, yo no nací en una isla cualquiera, yo nací en *La isla de los muertos* de Rachmaninov.

EL MONJE: Pues para que lo sepas, yo no nací exactamente en el desierto, sino *Una Noche en el Monte Pelado* de Mussorgsky. Entiendo que *La isla de los muertos* es una obra simbolista del pintor suizo Arnold Böcklin. Y Dios no se ha olvidado de ti, amigo, tú te olvidaste de Él.

EL NAVEGANTE: Por ahora solo quiero arribar a ese maldito puerto, o esa isla tenebrosa que el preclaro compositor ruso sacralizó. Para que sepas no me refería al cuadro de Arnold sino al poema sinfónico del sublime maestro.

EL MONJE: Ya lo sabía, compadre. Lo que tú no sabes es que yo soy muy feliz en el océano. Aquí tengo la impresión de ser eterno. Siento que el mar me devuelve los años que la tierra me arrebató, ¿acaso mi amigo no siente lo mismo?

EL NAVEGANTE: Si tuvieras hijos y una esposa embarazada aguardando por ti en casa, estoy seguro de que no dirías lo mismo.

EL MONJE: En ese caso no regresaría nunca. No te preocupes por tu mujer y tus hijos, ellos se encuentran bien.

EL NAVEGANTE: ¿Y tú cómo lo sabes?

EL MONJE: Los hijos del Mesías sabemos muchas cosas que sus nietos ignoran.

EL NAVEGANTE: Pues parece que en este caso el ignorante es el hijo, no el nieto.

EL MONJE: El que está preocupado de que su esposa esté durmiendo con otro eres tú, yo no. Pero no te irrites, amigo, que ya encontraremos una bella sirenita, mucho más hermosa que tu querida esposa.

EL NAVEGANTE: Muérete, monje. Arderás en el infierno, fraile insolente.

EL MONJE: Pensé que querías conocer a las divas de las aguas saladas. Se dice *Eterno Fuego Purificador*, amigo, no infierno, este es exclusivo de los pastores protestantes, no de los monjes.

EL NAVEGANTE: No puedo fiarme de lo que dices, estás demasiado ebrio. Pensé que los monjes eran abstemios y comedidos como sus hermanas las monjas.

EL MONJE: Yo hice votos de castidad en una iglesia, no en el mar. Sabes, la primera vez que me embriagué, me acompañó una monjita, y ella también se perdió en los placeres efímeros del alcohol.

EL NAVEGANTE: Aquellos que siempre están borrachos no hablan de placeres efímeros. Seguro emborrachaste a la 'casta reverenda' para abusar sexualmente de ella, maldito fraile libidinoso. Tal vez si no hubieses roto tus votos de castidad, habríamos arribado ya al puerto, ese.

EL MONJE: Esos que todos los días están beodos, desconocen el verdadero placer del alcohol; están enfermos, beben para no morirse, no para redimirse. Y te juro, querido marinero, que el día que la monja y yo nos embriagamos, no pensamos más que en el alcohol; en todo caso, bailamos los valses de Strauss, algunas *danzas húngaras* de Brahms y nada más. Así que, lo más seguro, es que esa respetable dama, aún hoy, no ha roto sus votos de castidad como su hermano, pues aquella borrachera no significó nada para ella, nomás un simple experimento. No pierdas la fe, hermano, que hoy un corazón límpido, puro y divino… un alma de Dios reza por nosotros.

EL NAVEGANTE: No te creo ni un ápice de lo que dices. ¿Cuál es tu opinión respecto a aquellos que todos los días se encuentran navegando sin rumbo en el vasto océano?

EL MONJE: ¡Ah!, esos pobres sí que están condenados a morir en aguas saladas.

EL NAVEGANTE: ¿Por eso te embriagas?

EL MONJE: Yo me embriago para imaginar cosas hermosas.

EL NAVEGANTE: Como una bella familia, por ejemplo. No sé por qué, pero a veces pienso que EL MONJE sí sueña con una esposa maravillosa y muchos hijos.

EL MONJE: Te equivocas, marino, los monjes como yo nunca soñamos. Es imposible soñar despierto.

EL NAVEGANTE: ¿Qué dijiste, amigo?

EL MONJE: Digo que los que no dormimos, jamás soñaremos.

EL NAVEGANTE: ¿Y por qué no duermes?

EL MONJE: Pero si después de esta penosa vida con la que cargamos día a día nos espera el descanso eterno, imagínate, para qué demonios vamos a desperdiciar la escasa vida que nos queda durmiendo. Es hasta paradójico, creo yo. Eso de dormir no es más que el invento de un holgazán.

EL NAVEGANTE: Si no duermes te vas a morir, monje.

EL MONJE: Al menos moriré despierto. Quiero decir que veré mi muerte.

EL NAVEGANTE: Ya veo que el alcohol ha turbado tu mente. Nadie puede ver la muerte.

EL MONJE: Yo sí puedo verla, y está aquí, muy cerca, merodeando nuestra nave.

EL NAVEGANTE: Por favor dile que se aleje.

EL MONJE: Tranquilo, amigo, ella no ha venido por nosotros, solo quiere nuestro barco.

EL NAVEGANTE: Entonces toma mi revólver y dispárale.

EL MONJE (muerto de risa): Pero si es la muerte, pendejo, ¿cómo demonios crees que la vas a matar?

EL NAVEGANTE: Si se puede revivir a un vivo, yo creo que también se puede asesinar a un muerto.

EL MONJE: Entiende que no se trata de un muerto, sino de la muerte, es decir, la madre de los muertos; bueno, la muerte por excelencia.

EL NAVEGANTE: ¿No crees tú que le sacuda el polvo a esa puta ninfómana con esta magnum 357?

EL MONJE: Si en verdad quieres convertirla en nuestra madre, entonces dispárale.

EL NAVEGANTE: Aquí el único digno de tal madre eres tú y nadie más.

EL MONJE: Mejor enfunda ese revólver y tómate un buen trago de ginebra.

EL NAVEGANTE: ¿Acaso le temes a tu nueva madre?

EL MONJE: Si no le temo a la madre de los vivos, por qué temerle a la progenitora de los muertos.

EL NAVEGANTE: Presiento que tú no duermes porque tienes miedo quedarte solo en este barco.

EL MONJE: Los monjes amamos la soledad y el silencio.

EL NAVEGANTE: Si es verdad que amas la soledad, por qué me imploraste que te escoltara en tu viaje. Este que ya se convirtió en un periplo.

EL MONJE: Tienes razón, me parece que ya habíamos pasado por aquí hace algunas semanas. Te busqué a ti porque me dijeron que eras un buen navegante, sin embargo, sospecho que me equivoqué.

EL NAVEGANTE: Te equivocaste desde el día que decidiste ser monje. Tú y tu barco están malditos, y quizá nunca divisemos ese asqueroso puerto.

EL MONJE: Yo siempre quise ser monje, amigo; monje a mi manera, eso sí. No sé por qué te impacientas demasiado cuando tenemos a nuestra disposición varias botellas de ginebra, pescado fresco, música clásica... ¿qué más quieres? Para mí, esto es la Eternidad.

EL NAVEGANTE: Por hereje fenecerás ahogado en aguas saladas. Soy abstemio, ya me harté del pescado y tampoco me gusta la música clásica. Esto es el infierno, o quizás peor.

EL MONJE: Sabes, hermano, este es el viaje de mi vida. Sabrás que el infierno solo tiene referente real para el pobre, empero para nosotros los hijos del Mesías, este nomás tiene un referente metafísico.

EL NAVEGANTE: ¿Y por qué el pobre?

EL MONJE: Porque este, intentando purificar su alma, infectó su cuerpo.

EL NAVEGANTE: En otras palabras, el pobre se quedó sin alma.

EL MONJE: Claro, porque como dijo Platón: «La música es para el alma lo que la gimnasia es para el cuerpo».

EL NAVEGANTE: Bueno, pero el pobre no contaminó su cuerpo ni perdió su alma por hacer ejercicio o escuchar música exacta.

EL MONJE: No, se contagió por aguantar hambre, y justo el día que tenía algo de comer.

EL NAVEGANTE: ¿Y tú haces ejercicio? Porque yo nunca te he visto.

EL MONJE: Más que físicamente, me ejercito espiritualmente. Te recomiendo que hagas lo mismo.

EL NAVEGANTE: ¿Te ejercitas espiritualmente escuchando música?

EL MONJE: No solo ejercito mi alma, inmortalizo mi ser.

EL NAVEGANTE: ¿Y cuál es tu concepto de música, si puede saber?

EL MONJE: <u>La música es la filosofía que los filósofos no saben explicar</u>.

EL NAVEGANTE: ¿Y qué es la filosofía?

EL MONJE: <u>La filosofía es cualquier cosa, excepto lo que han dicho que es</u>.

EL NAVEGANTE: Entonces nadie sabe qué es la música ni qué es la filosofía.

EL MONJE: Solo Dios, hermano.

EL NAVEGANTE: Quiere decir que el diablo no sabe nada, ni de arte ni de filosofía.

EL MONJE: El diablo sí sabe, lo que pasa que casi nunca lo dejan hablar al pobre.

EL NAVEGANTE: ¿Quiénes no le permiten hablar?

EL MONJE: Tú y yo le hemos rechazado.

EL NAVEGANTE: Dijiste que la muerte merodeaba tu nave, no el diablo.

EL MONJE: El amigo Satanás vino primero que La Muerte, que por cierto no sé para donde agarró.

EL NAVEGANTE: ¿Y por qué tampoco pude verle?

EL MONJE: Se ocultaba entre las olas, pero al ver tu revólver desenfundado se sumergió en la profundidad del océano.

EL NAVEGANTE: Pensé que el diablo era un guerrero valiente.

EL MONJE: Es valiente, mas no imprudente.

EL NAVEGANTE: ¿Y La Muerte también es valiente?

EL MONJE: Sí, de hecho, es más valiente que la vida.

EL NAVEGANTE: Pues yo opino lo contrario. Los hijos de La Vida tienen el valor de suicidarse, mas no los hijos de la muerte.

EL MONJE: Si no lo sabías, querido amigo, La Muerte y sus hijos ríen a carcajadas cuando ven que un hijo de La Vida se suicida.

EL NAVEGANTE: ¿Y qué es lo que dicen?

EL MONJE: Qué estúpido es mi sobrino, cree que acá estará mejor, si supiera lo que le espera –les dice La Muerte a sus amados hijos.

EL NAVEGANTE: ¿Quieres decir que La Muerte y La Vida son hermanas?

EL MONJE: Sí, solo que La Vida es demasiado injusta con su buena hermana.

EL NAVEGANTE: ¿Injusta por qué?

EL MONJE: Porque cuando esta no quiere a un hijo, de inmediato lo manda para donde su hermana, como si aquella no tuviera ya suficientes hijos; y lo peor del caso: La Vida ni siquiera le llama a su hermana para preguntarle si puede o no hacerse cargo del condenado. Si por lo menos le enviara con este un par de libros, la cosa sería diferente.

EL NAVEGANTE: ¿Acaso La Muerte sabe leer?

EL MONJE: Mucho mejor que tú, amigo, ella lee en cualquier idioma, es políglota.

EL NAVEGANTE: ¿Y cuál es el idioma predilecto de la muerte? ¿Cómo adquiere ella los libros que lee?

EL MONJE: De los libros se encarga su mensajero, el diablo. Hace algunos siglos ella prefería el griego y el latín, luego el alemán, y en el siglo XIX se decantó por el francés, idioma que le sigue fascinando hasta la fecha.

EL NAVEGANTE: ¿Y cómo selecciona La Muerte a sus hijos?

EL MONJE: Lo hace a partir de la creación artística de cada uno.

EL NAVEGANTE: ¿Es decir que solo los artistas se convierten en auténticos hijos de esta señora?

EL MONJE: Solo los artistas preclaros. Entiendo que los mediocres… esos no son bien recibidos, ni siquiera como sobrinos.

EL NAVEGANTE: ¿Y qué pasa con los insignes hombres de ciencia?

EL MONJE: A ellos los manda directo a la luna, no tolera los laboratorios científicos.

EL NAVEGANTE: ¿Y qué hay de los filósofos?

EL MONJE: ¡Ah no…!, con estos se la pasan bebiendo día y noche. Sócrates, por ejemplo, sigue predicando su filosofía en la plaza pública; solo que ahora sí se sienta a escribir sus discursos sobre ética, filosofía del arte, entre otros.

EL NAVEGANTE: ¿Y tú cómo sabes todas esas cosas, monje? ¿Y qué pasa entonces con el descanso eterno al que te referiste hace unos minutos?

EL MONJE: El descanso eterno es solamente para aquellos que sufrieron de insomnio crónico. Todo lo que sé me lo comunica el mensajero de La Muerte, amigo; él me cuenta todo lo que pasa con nuestra tía, sus nietos y sus hijos.

EL NAVEGANTE: ¿Y sabes tú quién es el mensajero de La Vida?

EL MONJE: Todos somos mensajeros de La Vida, marino.

EL NAVEGANTE: Pensé que solo los artistas y los filósofos eran los únicos mensajeros de la hermana de La Muerte, pues tú dijiste que esta envía a los científicos a la luna.

EL MONJE: No amigo; de hecho, ellos también son emisarios de La Muerte, aunque no sean sus preferidos.

EL NAVEGANTE: ¿Y qué hay de nosotros dos?

EL MONJE: Si logramos salir de estas aguas saladas, podríamos escribir una buena novela, sospecho; y si no, estamos condenados.

EL NAVEGANTE: ¿Y por qué una novela?

EL MONJE: Porque es el género literario que más le fascina a nuestra tía.

EL NAVEGANTE: Pensé que le gustaba más la filosofía que la literatura.

EL MONJE: Con los filósofos se embriaga, con los literatos se acuesta.

EL NAVEGANTE: ¿Y tú tendrías el valor de acostarte con esa prostituta?

EL MONJE: Con ella, no creo; ahora, con sus hijas, lo haría sin pensarlo.

EL NAVEGANTE: Si no te acuestas ni con las hijas de La Vida, dudo que lo hagas con las hijas de aquella.

EL MONJE: Bueno, es que en este caso EL MONJE prefiere a La Vida, porque es más bella, muy sabia y además juiciosa.

EL NAVEGANTE: ¿Entonces por qué no te casas con ella?

EL MONJE: Me comprometí con esta dama distinguida desde el día que nací.

EL NAVEGANTE: Dijiste que era muy injusta con su hermana.

EL MONJE: Con su hermana, no conmigo.

EL NAVEGANTE: Siendo así, dile que nos saque de este océano tenebroso y frío.

EL MONJE: Tenebroso y frío es el lugar que nos espera.

EL NAVEGANTE: ¿Y por qué yo no entreveo nada entre las oscuras olas del mar?

EL MONJE: No lo sé, amigo, porque yo sí que acabo de divisar un islote.

EL NAVEGANTE: Pues yo deseo pernoctar en esa pequeña isla. Con suerte encontraré algo de comer que no sea pescado ni dulces; no importa si es un tubérculo.

EL MONJE: Con suerte encontrarás una serpiente venenosa. No es que quiera aterrorizarte, amigo, pero te juro que las veces que he pernoctado en cualquier islote, no me he encontrado más que con víboras.

EL NAVEGANTE: Genial, entonces prepararé una suculenta sopa de serpiente, ya verás.

EL MONJE: Lo siento mucho, hermano, pero yo no puedo acompañarte esta noche. Hay un pequeño bote en el barco; si gustas, te lo puedes quedar para que reemprendas tu viaje mañana o cuando tú lo desees.

EL NAVEGANTE: Está bien, déjame el bote, y también mi dinero.

EL MONJE: ¡Dinero! Te dije que te pagaría hasta arribar al puerto, ¿acaso ya lo olvidaste?

EL NAVEGANTE: Yo me quedaré aquí no sé por cuanto tiempo, así que, quiero que me pagues ahora mismo.

EL MONJE: Amigo, comprende que no traigo efectivo.

EL NAVEGANTE: Déjame tu espada china y tu reloj de oro.

EL MONJE: De ninguna manera te dejaría mi espada, esta me ha salvado la vida en reiteradas ocasiones. Te dejaré mi reloj y mi crucifijo; sabes que ambos son de oro, pero mi espada… imposible, marinero.

EL NAVEGANTE: Eso sí, si acaso te vuelvo a ver, me pagarás con efectivo y yo te devolveré tus valiosas prendas doradas.

EL MONJE: Me parece justo; claro, siempre que estos estén en el mismo estado que yo te los entrego ahora.

EL NAVEGANTE: El oro no se devalúa, monje. Te estaré esperando para un segundo crucero contigo.

EL MONJE: Este es mi último viaje, hermano. Fenecerás en esa pequeña isla si te descuidas de las serpientes venenosas.

EL NAVEGANTE: Te equivocas, soy un buen cazador de serpientes. Además, tengo tu crucifijo y mi revólver.

EL MONJE: No sabía que había serpientes hechiceras.

EL NAVEGANTE: Son las más antiguas, y, desde luego, las más letales.

EL MONJE: Tú sabrás si quieres o no volver a ver a tu familia. Tal parece que no, espero equivocarme.

EL NAVEGANTE: Tú hablaste sobre escribir una novela; creo que este islote es el mejor lugar para llevar a cabo un proyecto de tal naturaleza; este es el lugar que muchos literatos buscaron, empero solo algunos encontraron.

EL MONJE: ¿Y cómo piensas titular tu obra literaria? Por lo menos para no coincidir en eso, pues sabes que yo también escribiré una novela, una novela que nadie leerá, estoy seguro.

EL NAVEGANTE: Si piensas en el lector, desde ahora, barrunto el fracaso de tu libro. *El puerto maldito del monje* es el título del que será mi primer libro. Creo que si escribo una buena novela ya no tengo por qué preocuparme más.

EL MONJE: *La traición del navegante* será el título de mi novela.

EL NAVEGANTE: No dudo de que el título de tu futuro libro está excelente. Suerte, Monje. Ya veremos cuál de los dos libros se edita primero.

EL MONJE: Sin duda que será el tuyo. Te lo digo porque tú tendrás la ayuda de las serpientes hechiceras, yo no.

EL NAVEGANTE: No te burles, fraile, que te puedes llevar una sorpresa cuando leas mi obra maestra.

EL MONJE: ¿Y quién prologará tu novela?

EL NAVEGANTE: No lo sé, más bien estoy pensando editar mi libro sin prólogo. ¿Para qué engañar al lector con un buen prólogo cuando sabes que el libro es infumable? Obviamente este no es mi caso, mi obra satisfará al mejor lector, no lo dudo.

EL MONJE: Yo sí prologaré mi novela, marinero. Qué mal que no seas tú quien prologue mi libro.

EL NAVEGANTE: ¿Acaso pensaste que yo te solicitaría a ti la redacción del preámbulo de mi libro? Ni lo sueñes, monje.

EL MONJE: Está bien, no escribiré el prefacio de tu novela infumable, pero sí redactaré el mejor prólogo, ese que nadie ha leído. Supongo que si no crees en los prólogos de los libros tampoco te gusta escuchar las sublimes oberturas de las divinas óperas alemanas del siglo XIX.

EL NAVEGANTE: ¡Qué comentario más descabellado! ¿En qué se parecen una obertura y un maldito prólogo?

EL MONJE: En que, los mediocres, raras veces van más allá de estos. Es decir, aquellos que nunca han escuchado ni escucharán una ópera completa, así como los despreciables lectores que solo leen las primeras páginas de un libro.

EL NAVEGANTE: Muy buen comentario, fraile, sin embargo, este no tiene nada que ver con lo que dijiste hace un minuto respecto de las oberturas de las óperas y el gusto por los prefacios de las obras literarias.

EL MONJE: Pues suerte con tu libro, marinero, yo tengo que seguir navegando; bueno, navegando y escribiendo. ¿Algún mensaje para tu familia?

EL NAVEGANTE: Quiero enviarle una carta a mi familia; más bien a mis hijos.

EL MONJE: ¿Y qué pasó con tu esposa?

EL NAVEGANTE: Tu dijiste que ella ya tiene marido.

EL MONJE: Hermano, yo solo estaba bromeando. Conozco a tu esposa y sé que ella es toda una dama. Discúlpame por lo que te dije de esa bella y digna mujer, pensé que no lo habías tomado en serio. ¿Es por eso por lo que quieres quedarte en esta pequeña isla?

EL NAVEGANTE: Te voy a sacar los ojos, fraile insolente.

EL MONJE: Para que veas que soy más humano que tú, toma mi espada china que tanto te fascina; puedes quedártela, al igual que el reloj y el crucifijo.

EL NAVEGANTE: Muchísimas gracias, amigo. Solo dame unos minutos para escribir la carta.

EL MONJE: Aparte de la misiva que ahora redactas, qué quieres que le diga a tu familia; porque es seguro que tu esposa y tus hijos me preguntarán por ti.

EL NAVEGANTE: Si escribo más de dos mil palabras por día, no creo que esté mucho tiempo aquí. La novela ya está en mi cabeza, solo necesito plasmarla en papel. Diles a mi amada esposa y mis hijos que muy pronto me reuniré con ellos.

EL MONJE: Eso no es suficiente. Seguro me preguntarán por qué no arribaste al puerto conmigo como le prometí a tu esposa.

EL NAVEGANTE: No hace falta, amigo. Tú nomás entrégale la carta a mi mujer. En esta le hago saber por qué decidí abandonarte a ti durante el viaje.

EL MONJE: Espero que le digas la verdad, si no lo haces, ni pienses que dicha misiva llegará a manos de tu esposa.

EL NAVEGANTE: El día que le mienta a mi gran señora, ese mismo día yo dejaré de ser su marido.

EL MONJE: Pues escribe rápido, marino, tú sabes que me impacienta mucho estar varado en pleno océano.

EL NAVEGANTE (dobla la carta y se la entrega a su amigo): Buen viaje, mi caro amigo. Te veré pronto, lo prometo.

EL MONJE (alejándose de la pequeña isla donde su amigo decidió quedarse a escribir su novela): Por favor no me defraudes otra vez.

EL NAVEGANTE (sentado sobre la hierba habla para sí mismo): Si no llego yo, llegará mi alma, y, con esta, la redención de mi familia.

EL MONO Y EL NOMONO
(Una extraña conversación)

NOMONO: Hola, Mono, ¿cómo estás? No te ofendas conmigo, pero te veo triste y abrumado. Baja de ese enorme árbol y hablemos un poco, será sobre el tema que tú quieras.

MONO: ¿Acaso no estamos hablando, petimetre ignorante? Sabes, yo no te conozco, y no me fío de los desconocidos, mucho menos si se trata de un despreciable burgués como tú.

NOMONO: Qué desgracia que no quieres conversar con un hermano.

MONO: Yo no tengo hermanos y, la verdad, no me hace falta.

NOMONO: Amigo, pero si yo soy el Nomono.

MONO: ¡Nomono! ¿Eso qué significa? ¿Estás diciendo que eres mi nombre negado?

NOMONO: Tú lo has dicho, soy tu negación, el gran Nomono.

MONO: ¿No crees tú que es descabellado autonominarse de tal manera? La palabra Nomono puede corresponder con cualquier cosa que no sea un Mono, así que no tiene caso dicha denominación.

NOMONO: Qué sandio eres, Mono, te creía más listo.

MONO: Porque lo soy, sostengo lo que dije, mentecato.

NOMONO: ¡Mentecato! Ese debería ser tu nombre.

MONO: Y qué importa el nombre si, de cualquier manera, seguiría siendo Mono.

NOMONO: Por supuesto que no. Entonces serías un *Mono mentecato*; aunque sospecho que desconoces el significado de la palabra *mentecato*.

MONO: Tal vez desconozca el significado de dicha palabra, mas no al mentecato.

NOMONO: ¿Me estás diciendo mentecato?

MONO: Zote pues.

NOMONO: ¿Y sabes tú cuál es el significado de la unión de ambas palabras?

MONO: Nomono.

NOMONO: ¡Nomono! A ver, explícalo.

MONO: No es necesario, ya está explicado.

NOMONO: Imposible. No importa, yo explicaré tus argumentos irrisorios. Presta atención. Por ejemplo: si colocamos los susodichos adjetivos de la siguiente manera: zote al *no* de Nomono, y mentecato al Mono, ¿qué resulta?

MONO: Y yo que sé.

NOMONO: Resulta –no te ofendas–, un Mono que ni negado deja de ser mentecato.

MONO: Si tú eres mi negación, entonces, también eres un mentecato; de hecho, eres un doble mentecato.

NOMONO: Te equivocas. Mi análisis lógico hace referencia a la negación, no de Nomono, sino de Mono. Y respecto a lo que me dijiste acerca del absurdo de mi nombre, te diré que tu aserción no tiene ni un ápice de razón, pues en este caso, mi nombre (Nomono), hace referencia a un solo ente, es decir, yo y nadie más, dado que, soy el único (y no lo dudo) que existe ahora independientemente de tu existencia. Como ves, mi nombre no ha resultado ser tan descabellado como tú juzgabas en un principio.

MONO: No lo sé. De todos modos, ya no quiero hablar contigo, es irritante escucharte. Será mejor que sigas tu camino, o tu maldito destino.

NOMONO: Discúlpame, yo solo quería hablar contigo, no ofenderte con mis comentarios, quizá fuera de lugar. De veras que lo siento.

MONO: Ya no hables por favor. Es que tú tienes la voz de una niña de cinco años. ¿O acaso eres una niña?

NOMONO: Es imposible encontrar una voz más grata al oído que la voz de una cándida y angelical infanta.

MONO: O sea que tú sí aceptas que eres una niña. Porque tienes voz de niña, que, en todo caso, es lo mismo.

NOMONO: ¿Hay manera de que me expliques eso que acabas de expresar? Sabes, tu voz de barítono no es nada agradable a mis oídos.

MONO: Porque eres un inculto pisaverde que nada sabe de Ópera. Imagina que yo fuera ciego: ¿crees que, al escucharte hablar, dudaría de que estoy hablando con una pequeña niña de cinco años?

NOMONO: El tono de voz no determina el género ni la edad de nadie. Mi mujer, que no supera los cuatro lustros, habla igual que mi sobrinita de apenas cuatro años. Por cierto, este es el motivo capital por el cual yo me enamoré de ella.

MONO (riendo a carcajadas): Claro, pero entiende que ella es mujer; una mujer que se casó con una niña, la misma que ahora está hablando con un barítono.

NOMONO: Los barítonos cantan en los teatros, no en los árboles.

MONO: ¿Y en dónde cantan las niñas como tú?

NOMONO: Creo que tienes envidia de mi exquisita voz.

MONO: Si no lo sabías, 'tu exquisita voz' es la razón principal de que tu adorable esposa se acueste con otro.

NOMONO: Isabel es toda una dama, ella jamás me traicionaría de esa manera.

MONO: En efecto, porque ella es una dama ahora quiere vivir con un auténtico caballero como yo.

NOMONO: ¿Acaso tú conoces a Isabel?

MONO: La conozco mucho mejor que tú. Tengo el número telefónico de tu esposa y muchas cosas más. Ya han transcurrido varios meses desde aquel primer día que yo me comuniqué con ella.

NOMONO: Qué comentario más irrisorio, Mono. Sigue soñando con mi esposa, que algún día encontrarás una igual.

MONO: Estoy seguro de que tú ni siquiera sabes cuál es la vocal favorita de Isabel.

NOMONO: ¿Y quién le pregunta esas estupideces a su mujer?

MONO: Los buenos amantes letrados como yo.

NOMONO: Yo sé que el color negro es el favorito de mi mujer, pero de vocales… de eso no hemos hablado nunca.

MONO: De veras que lo lamento mucho, amiguito. Porque tú sabes cuál es su color favorito, pero dudo que sepas por qué esa admirable mujer prefirió este en vez del color blanco, por ejemplo; bueno, o cualquier otro color.

NOMONO: A todas las damas que yo conozco les encanta el color negro.

MONO: Sí, pero estamos hablando de Isabel, o sea, tu mujer y mi amante.

NOMONO: Hablas sin ambages, sí que tienes agallas, bípedo deslenguado.

MONO: Lo hago, solo cuando digo la verdad. Y como yo nunca miento, casi siempre hablo sin ambages. La vocal preferida de 'tu esposa' es la **A** ¿Comprendes ahora el porqué de su color predilecto?

NOMONO: Lo único que comprendo es que tú no profieres más que sandeces.

MONO: Esto significa que tú tampoco conoces al poeta que inventó el color de las vocales. El primer nombre de 'tu mujer' lleva una **A** al inicio, y, de hecho, también la lleva al final. Según Arthur Rimbaud, **A** es negra, así como **I** es roja, los colores preferidos de mi amante, que representan: las letras iniciales de sus dos nombres.

NOMONO: Puedes hacer con Isabel lo que se te dé la gana, yo ya no la quiero. Tú tienes razón, Isabel nunca me quiso, así que mejor me largo.

MONO: ¿Adónde irás?

NOMONO: Iré a buscar la justicia.

MONO: Yo la busqué en iglesias y tribunales, y jamás la encontré.

NOMONO: Sigue buscando, que algún día la encontrarás. En la escuela nos enseñaron que la sociedad está dividida en tres clases: clase alta, clase media y clase baja. ¿A cuál de las tres crees tú que perteneces?

MONO: Pues a la última.

NOMONO: Tú sí que estás lejos de encontrar la justicia, hermano.

MONO: Creo que la clase media es tan injusta como la clase baja; sí, tienes razón, la clase alta es la menos injusta.

NOMONO: Jamás he visto una choza en barrio de ricos, no obstante, he visto que se erigen suntuosas viviendas en barrios miserables.

MONO: Tú te estás refiriendo únicamente a la justicia social. A mí – desde el día que conocí a Aurora Isabel– solo me importa la justicia espiritual, nada más.

NOMONO: El típico comentario del miserable que ha leído un libro.

MONO: He leído varios libros, amigo, y gracias a ello, me he ganado el odio de muchos burgueses. Hubo algunos que quisieron ser mis amigos, pero los rechacé. Rechazar a un burgués pisaverde es lo mejor que me ha pasado en toda mi penosa vida.

NOMONO: ¿Y a eso le llamas justicia?

MONO: No, a eso le llamo *Los grandes placeres del miserable letrado*.

NOMONO: Se supone que uno lee para ilustrar al iletrado, no para burlarse de él.

MONO: Ese es el peor acto de injusticia que nos enseñaron en la escuela.

NOMONO: Tú sí que has perdido el juicio; tal vez es porque no has comido nada en todo el día.

MONO: Te equivocas, hermano, según Séneca «...la abundancia de alimentos impide la agudeza mental».

NOMONO: Pues que mal por los glotones que no paran de tragar. Aunque sospecho que ellos son más felices que tú.

MONO: Imposible. También dice el maestro estoico: «No es feliz quien no piensa que lo es...». Si los gordos comieran un poquito más, no fueran gordos, fueran los hombres más sabios del mundo; probablemente los más felices.

NOMONO: ¿Los hombres más sabios del mundo? Y qué pasó con la sentencia de tu filósofo predilecto. Sabes, los esclavos como tú nunca serán felices.

MONO: Gracias a Séneca, hoy soy el hombre más feliz del mundo, y el más libre; quizá el más justo.

Dije *los más sabios*, porque ellos tienen el cerebro en el estómago; en otras palabras, nadie alimenta el cerebro más que los gordos.

NOMONO: Y tu cerebro, ¿dónde lo tienes? Si es que tienes.

MONO: Yo lo tengo en las manos, al igual que todos los artistas preclaros.

NOMONO: ¿Entonces qué tienes en la cabeza? Sospecho que nada.

MONO: En la cabeza tengo el vacío.

NOMONO: Quieres decir que tienes a Dios en la cabeza. Pues según Alfred Whitehead el vacío lo ocupa Dios.

MONO: Perdóname, hermano, ya veo que me equivoqué contigo.

NOMONO: Descuida, todos nos equivocamos. Yo, por ejemplo, me equivoqué con Isabel, no obstante, ella también se equivocó contigo. Esperemos, Dios mediante, que el próximo que pase por aquí ya no se equivoque.

MONO: Pensé que te quedarías otro rato.

NOMONO: Lo siento, alguien me está esperando y no quiero llegar tarde. Además, yo solo pasaba por aquí.

MONO: Pues vete con Whitehead a buscar *el vacío*, que yo con Séneca moriré.

NOMONO: Morirás desangrado como él.

MONO: Y tú morirás *vacío* como Whitehead.

BUSCANDO A ALFREDO
(Don Ricardo y Cilio)

RICARDO: ¿Qué buscas Cilio, a estas horas de la noche?, ¿y por qué estás llorando? Hace ya varios meses que no te miraba por acá.

CILIO: Ando buscando a Alfredo, mi mejor amigo; quiero decir, mi hermano.

RICARDO: Tengo entendido que tú solo tienes hermanas: Magdalena y Beatriz.

CILIO: Bueno, pues también tengo un hermano; me lo regaló mi abuela el día de mi cumpleaños. No sé qué será de mi vida si no lo encuentro, creo que moriré… sí, moriré si él no vuelve a casa. Espero que no se haya ido demasiado lejos, porque si es así, ya jamás volveré a escucharlo. ¡Cuánta alegría suscita en mi alma la voz divina de mi hermano!

RICARDO: Sí que es un gran tenor tu hermano Alfredo. Yo tengo una soprano lírica en mi casa. Si encuentras a tu pequeño tenor, podríamos montar un gran espectáculo, si tú estás de acuerdo.

CILIO: Y sería un éxito, no lo dudo. ¿Y cómo se llama tu pequeña diva?

RICARDO: Se llama Violetta, jovencito. Tuve a una hermosa mezzosoprano llamada Dalila, pero murió prematuramente. Dalila y Violetta eran tan buenas amigas que casi todos los días me cantaban *Barcarolle* y el *Dúo de las flores*. Desde que murió su amiga, que para mí era más que una hija, la voz de mi bella soprano ya no es la misma; sigue siendo una voz exquisita, sin duda, pero muy melancólica.

CILIO: ¡Increíble! Tendríamos la pareja perfecta, en caso de que yo encontrase a mi querido tenor. ¡¿Cuántas arias no cantarían juntos?!

RICARDO: Ni lo digas, amiguito. Ya me imagino lo feliz que se pondría mi Violetta si tú encontrases a Alfredo. Desaparecería ese tono melancólico que ha adoptado desde la muerte de Dalila y cantaría con mucho más entusiasmo, no lo dudo.

CILIO: Mi amigo también se pondrá muy feliz; a veces creo que él necesita una compañera.

RICARDO: Me temo que ese fue el motivo principal por el cual tu hermano abandonó la casa, pero si es en verdad un buen amigo, regresará, te lo aseguro; solo o acompañado, ya verás. A mí me pasó lo mismo con Violetta hace unos meses. Ella se desapareció por casi cuatro días. Estuve a punto de volverme loco; por poco y me suicido.

CILIO: Me imagino lo mucho que padeciste durante la ausencia de tu joven soprano. ¿Y qué fue lo que te dijo cuando regresó a casa?

RICARDO: Solo dijo que quería cantarle a solas a su amiga. Yo no le dije nada ni me enfadé con ella; de hecho, ese día la acaricié con tanta ternura que mi adorable Violetta se quedó dormida sobre mi hombro.

CILIO: ¿Y dónde yacen los restos de la difunta mezzosoprano?

RICARDO: La sepulté en una montaña, bajo la sombra de un cedro gigante. No está muy lejos, creo que como a unos veinticinco kilómetros de aquí, si no es que menos. Ella amaba la naturaleza tanto como Violetta. Solíamos ir juntos (los tres) al bosque; y mientras yo me tendía sobre la hierba a fumar un buen habano, mis adorables divas me cantaban, desde las ramas más altas de los árboles, las mejores arias. En ese momento me sentía en el Paraíso celestial.

CILIO: No te sentías en el Paraíso, estabas en el Paraíso. ¿Pero por qué solo los tres? ¿Qué me dices de tu esposa y tus hijas?

RICARDO: Ellas carecen de sensibilidad estética, amigo. ¿O vas a decirme que tus hermanas aman el arte musical igual que tú?

CILIO: A las dos les encantan las fiestas nocturnas; con eso te digo todo. Claro, esto es algo normal en la mayoría de los jóvenes del siglo XXI, especialmente en países como el nuestro, pues como dices tú, ellos no tienen ni sensibilidad estética ni conciencia de lo trascendente.

RICARDO: Te cuento que en mi casa no solo mis hijas acuden a esas fiestas nocturnas; a mi esposa también le fascina frecuentar esos antros de mala muerte en los que solo se promueve la basura; bueno, ellos son la basura. Una vez…, un fin de semana, le dije que se quedara en la casa, que para bailar no tenía que asistir a las fiestas, esas. Ella consintió quedarse a bailar conmigo esa noche, no obstante, nomás comenzó a sonar *El Vals del Emperador* de Johann Strauss y, sin ambages, me mandó a comer mierda.

CILIO: ¡Qué vergüenza, Ave María! ¿Y aun así la sigues tolerando en tu casa? Yo de inmediato le cierro las puertas y le digo que no se atreva a regresar jamás. Tú sí que eres indulgente, viejo. No cualquiera es capaz de tolerar semejante improperio en su propia casa.

RICARDO: El problema es que son cuatro contra uno, imagínate; yo estoy es desventaja. Digo *uno* porque en este caso mi adorable soprano no puede hacer nada más que proferir insultos en contra de ellas. Si solo fuese mi mujer, hace años que la hubiese mandado a volar, pero, con cuatro en contra mía, qué puedo hacer... Claro, en mi casa no les tolero su basura, mucho menos una fiesta nocturna.

CILIO: Comprendo. ¿Y tienes idea de… de qué murió Dalila?

RICARDO: Solían dormir juntas mis preciosas divas; pero una mañana, con el primer resplandor del alba, escuché que aquel *Ave María* (exquisito *lied* con el que siempre me despertaban), ya no era igual que antes; algo le faltaba, y en efecto, le faltaba la voz de Dalila. Te juro que lloré desconsolado cuando me enteré de que mi amada y querida mezzosoprano estaba muerta.

CILIO: Por lo que me has contado, yo creo que ella no murió, amigo, sino que la asesinaron. Si dormían juntas, Violetta tiene que saber algo sobre la muerte de la mezzo.

RICARDO: ¿Y crees que no le he preguntado?

CILIO: Sí, lo que pasa que no has sabido preguntarle. Yo presiento que a la pobre soprano la amenazaron a muerte si te decía algo respecto del asesinato de su amiga.

RICARDO: Entonces la habrían asesinado también a ella.

CILIO: No necesariamente, tal vez la joven soprano logró escarparse, sin embargo, me temo que, en su huida, la pequeña diva logró escuchar la amenaza de las asesinas.

RICARDO: Un viejo amigo, dizque veterinario, me dijo que probablemente Dalila murió por envenenamiento.

CILIO: Yo diría que por estrangulamiento. Si dices tú que hasta comían en el mismo plato, lo más probable es que ambas fenecieran envenenadas esa misma noche.

RICARDO: Es que yo no digo que alguien la envenenó, sino que ella se envenenó; sabrá Dios con qué fruta o líquido venenosos.

CILIO: No lo creo, amigo; además dijiste que donde estaba la soprano, estaba la mezzo; entonces las dos se habrían envenenado. Convence a Violetta para que te diga la verdad; dile que no tema, que ellas ya no pueden causarle ningún daño.

RICARDO: No lo sé, amigo. Si es verdad que ellas estrangularon a mi Dalila, te juro que me vengaré, pero no hoy, amigo, hoy no. Quiero que Violetta me lo diga, sin que yo la exhorte a hablar al respecto del asesinato de su hermana; pues dicen que un hermano espiritual vale más que un hermano biológico; claro, a veces ese hermano espiritual suele ser tu hermano biológico, y esto es sin duda un hecho inefable, creo yo. Ahora nomás escucha cómo canta; parece que la divina soprano ha decidido deleitarnos con el más exquisito y sublime *Ave María*.

CILIO: Te entiendo perfectamente. Es increíble la voz de tu Violetta; sin duda, fenomenal. ¿Cómo aprendió a cantar en latín?

RICARDO: Solo escuchando el sonido de la bocina. Una tarde escuchó el sublime lied de Schubert y al día siguiente ella amaneció cantando esta inmejorable obra musical.

CILIO: Bueno, digamos que lo mismo sucedió con Alfredo. ¿Y cuántos hermanos espirituales tienes tú?

RICARDO: Ni siquiera uno, ni espirituales ni biológicos. ¿Tú tienes alguno?

CILIO: Por ahora solo Alfredo, que sabrá Dios adónde se fue.

RICARDO: Serénate, seguro regresará mañana, si no es que ya está en tu casa; y tú buscándolo por acá, imagínate.

CILIO: No creo, si así fuese, mi madre ya me habría llamado por teléfono o enviado algún mensaje para darme la buena noticia. No sé qué es lo que haré si mi queridísimo tenor no vuelve a casa. También solemos ir al bosque los fines de semana que por suerte no voy a la escuela. En cuanto él canta cualquier aria o lied que nos fascine a los dos, todos los pájaros vuelan silenciosos y se posan en derredor de mi hermano.

RICARDO: Increíble, hijo. Ojalá que no haya salido a buscar novia, porque si es así, es probable que se demore un par de semanas en regresar; tal vez más.

CILIO: Novia no creo que encuentre; en todo caso, encontrará una degenerada de léxico vulgar como esas que vuelan en parvada.

RICARDO: Si lo que busca es *sexo* y nada más, no creo que le importe si aquella canta incluso como una rana.

CILIO: No estoy muy seguro de eso, viejo, Alfredo es muy selectivo. Te diré que una vez le pregunté a Alfredo si le gustaba alguna de mis hermanas, y de inmediato me respondió: «Aun siendo físicamente bellas, jamás me interesaría por ellas».

RICARDO: A veces se equivoca uno, amiguito. No me lo vas a creer, pero a mi mujer, yo la conocí en una librería, dizque comprando libros; libros que nunca leyó, estoy seguro.

CILIO: Sufriste un autoengaño, amigo. No tiene caso, creo yo, comprar libros para almacenarlos y que los devoren las termitas.

RICARDO: Escucha lo que hace con los libros: toma un libro, lo abre, lo pone sobre la mesa y le toma una foto; luego, la comparte de inmediato en las redes sociales con la siguiente frase: «Un día sin leer es como un día en el cementerio». ¿Qué te parece?

CILIO (con gesto sardónico): Entonces sí los lee. Como quiera que fuere, está muy interesante la frase, esa, ¿no crees? Al menos a mí me gusta. Que sea un plagio es otra cosa.

RICARDO: Seguro que lo es; bueno, la sentencia no está nada mal. Pero de que mi mujer no lee, estoy plenamente seguro, pues siempre que me refiero a cualquiera de sus libros, ella cambia de tema, o simplemente se queda callada. Fíjate que un día le pregunté: *Si te tocara elegir entre*

María Iribarne, Julia y Charlotte, ¿con cuál de las tres te identificas? No me respondió.

CILIO: ¿Y tú con cuál de las tres la identificas?

RICARDO: Aunque a 'mi esposa' no le gusta la pintura; más bien el arte en general, yo la comparo con María Iribarne, porque Lotte... al igual que Julia es toda una dama.

CILIO: Yo estoy seguro de que a María Iribarne tampoco le gustaba la pintura, y esa *ventanita* que vio en el cuadro del señor Castel, no dudo de que fue pura contingencia.

RICARDO: Tienes razón, el pintor se equivocó; esa María no era más que una coima cualquiera; bonita, eso sí.

CILIO: Claro, muy linda, quién no lo diría.

RICARDO: Quieres que sigamos con la máxima de 'mi mujer'.

CILIO: Como gustes, amigo. Yo encantado.

RICARDO: ¿Cómo era la frase? *Un día sin leer es como...* ya se me olvidó, tengo una memoria deleznable, ¿tú la recuerdas bien?

CILIO: (después de un breve silencio): *...un día en el cementerio.* ¿Un día en el cementerio muerto o sepultando a un ser querido?

RICARDO: Yo diría que lo segundo. Porque, imagínate, si la muerte es ese *sueño profundo* como aseveran algunos, dicha máxima carecería en absoluto de sentido. Esto me hace recordar la muerte de mi amada y adorable Dalila. Sí que fueron días aciagos.

CILIO: A esos días aciagos se refiere tu esposa. O podría ser, conjeturo yo, *un día muerto*, es decir, un día que, porque no leí, morí.

RICARDO: Siendo así, esa pobre mujer muere todos los días.

CILIO: Pero muere por haber dicho esa frase, o tal vez solo cuando la recuerda.

RICARDO: Esa mujer solo recuerda las fiestas nocturnas; ese es el tema de discusión de ella y mis hijas, casi todos los días.

CILIO: ¿Y cuántos años tiene tu señora?

RICARDO: No pasa de los cuarenta.

CILIO: Algo bueno ha encontrado en esas fiestas de noche.

RICARDO: Marido, y qué más.

CILIO: Lo dices como si no la quisieras.

RICARDO: Simplemente la trato como lo que es.

CILIO: ¿Y qué hay de tus hijas... ninguna se ha casado aún?

RICARDO: No, todavía no, pero como que están embarazadas las tres.

CILIO: ¿Las tres...? Eso es imposible.

RICARDO: Imposible me será averiguar quiénes son los verdaderos padres de mis nietos.

CILIO: Yo sé que mis hermanas son muy incultas; dos mujeres de viles costumbres, sin embargo, no creo que sean prostitutas.

RICARDO: Hace unos minutos me dijiste que 'mi mujer' frecuenta esos antros inmundos porque anda buscando marido; y si la madre encuentra marido, me temo que sus hijas también. Yo pienso que desde que una mujer se embaraza en la calle, es de la calle. Mis hijas y 'mi mujer' –aunque me duela tener que decirlo– son de la calle.

CILIO: ¡Vaya cosa increíble! Una mujer de la calle que no conociste en la calle. Y lo que dije de tu esposa, querido amigo, tú sabes bien por qué lo dije: tus hijas no tienen marido, la madre de ellas, sí.

RICARDO: Paradójico pero cierto. A 'mi esposa' la conocí en una librería; entonces era una dama; bueno, así la juzgué yo ese día. Quizá tengas razón sobre lo que dices de esas mujeres incultas e inmorales. ¿Y tu madre… asiste con tus hermanas a las fiestas nocturnas?

CILIO: Gracias a Dios, no. Mi querida madre jamás frecuentó esos antros infectos; ni en vida de mi padre, ni ahora. Al igual que yo, ella está sufriendo sobremanera la ausencia de Alfredo.

RICARDO: Te juro que yo, al igual que tu madre, lamento mucho la ausencia de tu admirable y divino Alfredo; con todo lo que acabas de contarme respecto de ese joven tenor, me es imposible permanecer impasible. Tengo entendido que tu padre fue un poeta respetable.

CILIO: Sí, eso dicen.

RICARDO: ¿Acaso tú no has leído la obra poética de tu padre?

CILIO: He leído y releído todos esos libros, viejo; a pesar de ello, no me atrevo a emitir un juicio de ninguna naturaleza sobre el autor de estos.

RICARDO: ¿Por casualidad has leído *Las flores del mal* de Baudelaire?

CILIO: En reiteradas ocasiones, amigo. A mi madre le fascinan los primeros versos de *MADRIGAL TRISTE*; bueno, a mí también; de hecho, el poema completo; quiero decir toda la obra poética de Charles. ¿En quién crees tú que pensó Baudelaire cuando escribió este sublime y exquisito poema?

RICARDO: Más bien cuando escribió esa exquisita obra. *Las flores del mal* es una obra estupenda de principio a fin. No lo sé, amigo, no sé en qué pensó Baudelaire cuando escribió esta teofanía poética; yo creo que ni siquiera pensó; dicen que los artistas que piensan son los que suelen crear obras infumables; aquellos que piensan durante sus creaciones artísticas, por supuesto. Bueno, es posible que el preclaro poeta evocase a través de sus versos alguna de las bellas meretrices que amaba. Olvida eso y escucha la genialidad del poeta francés: *Yo te amo sobre todo cuando el júbilo / Desaparece de tu frente abatida; / Cuando tu corazón en el horror se ahoga; / Cuando sobre tu presente se despliega / La nube horrenda del pasado.*

CILIO: Está genial, empero te me adelantaste, viejo. Ahora escucha: *¿Qué me importa que seas discreta? / ¡Sé bella! ¡Y sé triste! Las lágrimas / Agregan un encanto al rostro, / Como el río al paisaje; / La tempestad rejuvenece las flores.*

RICARDO: ¡Asombroso! Me temo que tu padre le recitaba este poema a tu madre; quizá fue con estos maravillosos versos que él la conquistó.

CILIO: No lo sé, tal vez.

RICARDO: Amigo, cuando te pregunté si habías leído *Las flores del mal*, lo hice pensando en tu padre. No tienes que creerme, pero, cuando yo leo los poemas de tu padre, siento como si estuviera leyendo la obra poética de Baudelaire.

CILIO: Ya ves, mi padre no era nada auténtico.

RICARDO: Sí lo fue, lo fue al estilo de los grandes poetas del romanticismo francés; ¿qué hay de malo en ello para que vengas a decirme que el hombre no era auténtico? Una cosa es el plagio y otra cosa es adoptar un determinado estilo. Si un día te dedicas a la creación artística, deberás, al igual que tu padre, adoptar el estilo que más te guste, eso sí.

CILIO: Yo creo que, si en verdad quiero ser un artista respetable, tengo que crear mi propio estilo; eso es ser auténtico. Si mi progenitor hubiese vivido en el siglo XIX entonces guardaría silencio.

RICARDO: ¿Quieres decir que no hay poetas románticos en el siglo XXI?

CILIO: Ni románticos ni simbolistas.

RICARDO: ¿Y qué me dices de la pintura?

CILIO: Es posible que haya un buen retratista en nuestro país.

RICARDO: Hay pintores retratistas. ¿Te refieres a estos?

CILIO: Dije retratistas, no pintores.

RICARDO: ¿Dirás que tampoco hay buenos músicos en nuestro país?

CILIO: Ni buenos ni malos; ni en esta vida ni en la otra.

RICARDO: Hay una orquesta filarmónica en nuestro país, amiguito.

CILIO: Esa pseudo orquesta que tú dices es una calamidad, ni siquiera es capaz de interpretar una sinfonía completa; yo no le llamo orquesta, mucho menos *orquesta filarmónica,* qué ignominia, Ave María.

RICARDO: Tal vez es porque no cuentan con los recursos necesarios para montar un buen espectáculo. Bueno, eso es lo que dicen algunos instrumentistas de la banda musical.

CILIO: Pues que clausuren esa mierda y ya. De todos modos, ese sórdido 'Teatro Nacional...' siempre ha sido un burdel poco reputado; y aunque no se prostituyan mujeres, se prostituye el arte, y esto sí que es grave, gravísimo. Que se prostituya una mujer está bien, pero una obra musical… sí que es un pecado irremisible.

RICARDO (riendo a carcajadas): Admito que tus argumentos no son infundados, no obstante, yo diría que eres demasiado pesimista.

CILIO: No lo soy, simplemente sé distinguir muy bien entre la mierda y la comida.

RICARDO: Un día te vas a equivocar, ya verás. El problema que yo no estaré ahí para limpiarte los oídos.

CILIO: Tú no, pero Violetta sí. Espero que para entonces mi entrañable Alfredo ya esté de vuelta en casa.

RICARDO: Como dijo Séneca: «Ni esperes sin desesperanza, ni desesperes sin esperanza». Así que no te impacientes, amigo, yo estoy seguro de que ese joven tenor regresará a casa pronto; él lo sabe, sabe que su prometida está aquí.

CILIO: Imagínate si cae en las garras de un halcón peregrino...

RICARDO: Él sabrá cómo defenderse. Es cierto que no tiene garras como el halcón, no obstante, sí está dotado de la divina voz de los dioses; y con eso basta.

CILIO: No creo que a un halcón hambriento le importe *la ópera*.

RICARDO: A mi linda soprano casi la devora un águila real.

CILIO: ¿Y qué fue lo que hizo la hermosa diva para librarse de las poderosas garras del ave rapaz?

RICARDO: Nomás le cantó un Ave María y el águila terminó llorando, implorándole perdón a la diva. Violetta le perdonó y hasta se hicieron buenas amigas; tan buenas amigas que todos los meses el águila viene a casa a platicar con la joven soprano; también cantan algunas arias, aunque la voz del soberbio depredador es casi imperceptible.

CILIO: Si es así, Alfredo se mantendrá a salvo; suponiendo que los halcones peregrinos estén dotados de la misma sensibilidad estética de las águilas.

RICARDO: Yo no tengo la menor duda. Ahora me gustaría escuchar algo más sobre la obra poética de tu padre. No, mejor dime cuál es tu libro favorito.

CILIO: Te lo diré solo si encuentro a mi hermano tenor.

RICARDO: Eso no tiene nada que ver. ¿Acaso Alfredo es escritor?

CILIO: Y de los mejores, amigo. Alfredo y yo estamos escribiendo un gran libro.

RICARDO: Es decir que tú mismo estás escribiendo tu libro favorito, el libro de tu vida.

CILIO: Estoy seguro de que si a Georg Händel le hubiesen preguntado alguna vez: *¿Cuál es su composición musical favorita, Maestro?*, este jamás habría pensado en Bach, así como Bach tampoco hubiese pensado en aquél.

RICARDO: ¿Quieres decir que cada artista está en la obligación de crear su obra favorita?

CILIO: Quizá no esté obligado a hacerlo, pero debería.

RICARDO: Yo pienso que deberías terminar ese libro antes de que el joven tenor esté de vuelta en casa. Le darías una grata sorpresa.

CILIO: Yo jamás traicionaría al coautor de *El Maestro de los Dioses Mortales de la Inmortalidad*.

RICARDO: *¡Dioses Mortales!* No existen los dioses mortales, amiguito.

CILIO: No en nuestro país. Yo me refiero a esos seres divinos que a pesar de ser mortales se lanzaron incluso más allá del infinito; estos son los que vivieron en la inmortalidad, es decir, que fenecieron como humanos, mas no como dioses.

RICARDO: Naturalmente, en nuestro país todos los dioses son inmortales, no como los tuyos o los de tu libro.

CILIO: Tolero tus argumentos irrisorios porque sé que no has leído lo suficiente para sostener una conversación de tal naturaleza conmigo. Además, tú no has escrito nada, ni siquiera un relato infumable.

RICARDO: Si mis palabras te parecen irrisorias, es porque el título de tu libro es irrisorio; de hecho, paradójico.

CILIO: *El genio identifica al genio, así como el imbécil idéntica al imbécil.*

RICARDO: Y yo soy el imbécil, supongo; razón por la cual no logro asimilar la genialidad del título de tu libro. ¿De dónde sacaste esa frase?

CILIO: Cuando leas *El hombre mediocre* te darás cuenta de que en efecto eres un imbécil.

RICARDO: Yo diría un mediocre.

CILIO: Hay un mediocre en José Ingenieros que no es tan mediocre; tal vez te identifiques tú con este, aunque lo dudo.

RICARDO: Quiere decir entonces que tú te identificas con el peor de los mediocres, porque de genio no tienes nada. Como quiera que fuere, pequeño pretencioso, me gusta tu sentencia, esa.

CILIO: La frase no es mía, es de Ingenieros. Quizá no se lee literalmente en su libro, sin embargo, estoy casi seguro de que hasta un lector bisoño sabrá que la frase es de este polifacético intelectual argentino. Yo no soy un genio ni un imbécil, y sé que tú tampoco lo eres, viejo. Nomás quería hacerte reír un poco y lo he logrado.

RICARDO: No tienes que decirlo, amiguito, lo sé perfectamente. De cualquier modo, con o sin Alfredo, pienso que deberías editar ese libro; es más, yo sufragaré el costo la de edición, dalo por hecho.

CILIO: Te lo agradezco, amigo, mas si no encuentro a mi hermano, acabaré quemando ese manuscrito; sí, lo quemaré.

RICARDO: Entonces toma mi bocina y encuentra al tenor.

CILIO: ¿Y esta bocina para qué?

RICARDO: En esta cosa están grabadas las mejores arias de Violetta y algunos dúos exquisitos que la soprano cantó acompañada de mi adorable Dalila. Nomás ajusta el volumen de ese aparato y te funcionará como imán, ya verás. Date prisa y no apagues la bocina.

CILIO: Muchísimas gracias, viejo. Regresaré con Alfredo, te lo prometo. Violetta requiere de la presencia del joven tenor, así como este no podrá ser feliz si no encuentra a la diva de su vida, esto es, a Violetta.

RICARDO: Ve con Dios, amiguito. Y por favor regresa solo hasta que hayas dado con el amado tenor de mi pobre soprano.

CILIO (alejándose de su buen amigo): Comienza a hacer los preparativos de la fiesta nupcial o, del siniestro funeral.

RICARDO (hablando con Violetta): ¿Crees tú que regrese?

VIOLETTA: Odio los funerales. Ahora solo me apetece volar; volveré a casa en una hora.

RICARDO: Nomás no te alejes demasiado.

VIOLETTA (que despliega sus alas y emprende el vuelo de su vida, se dice a sí misma): Regresaré… regresaré solo si encuentro al tenor de mi vida.

COLOFÓN

Este libro de
Kevin J. Guerrero,
Peregrinaje metafísico,
se imprimió en Amigo del Hogar
con una tirada de 500 ejemplares,
en Santo Domingo,
República Dominicana,
en octubre de 2020.

www.ingramcontent.com/pod-product-compliance
Lightning Source LLC
Chambersburg PA
CBHW071609150726
48000CB00004B/1638